rowohlts monographien
begründet von Kurt Kusenberg
herausgegeben
von Wolfgang Müller und Uwe Naumann

Elisabeth I.

mit Selbstzeugnissen
und Bilddokumenten
dargestellt von
Herbert Nette

bildmonographien
rororo

Rowohlt

Dieser Band wurde eigens für «rowohlts monographien» geschrieben
Den Anhang besorgte der Autor
Herausgeber: Kurt und Beate Kusenberg
Assistenz: Erika Ahlers
Schlußredaktion: K. A. Eberle
Umschlagentwurf: Werner Rebhuhn
Vorderseite: Das Krönungsporträt, von einem unbekannten Künstler
(National Portrait Gallery)
Rückseite: Skulptur auf dem Sarkophag der Königin
von Maximilian Colt und John de Critz
(Aus: Neville Williams, Elizabeth I., London 1972)

Veröffentlicht im Rowohlt Taschenbuch Verlag GmbH,
Reinbek bei Hamburg, Dezember 1982

Satz Times (Linotron 404)
Gesamtherstellung Clausen & Bosse, Leck
Printed in Germany
ISBN 3 499 50311 5

6. Auflage Januar 2001

Inhalt

Königin Elisabeth I. Gemälde von Federigo Zucchero

Der Vater

Elisabeths Vater, Heinrich VIII., war in erster Ehe mit Katharina von Aragón, der Witwe seines jung verstorbenen Bruders Arthur, verheiratet. Von ihr hatte er eine Tochter, Maria, die nach siebenjähriger Ehe 1516 geboren wurde. Zehn oder elf Jahre später faßte der König eine heftige Zuneigung zu einer jungen Hofdame, Anna Boleyn. Sie stammte von ihrer Mutter her aus dem englischen Hochadel, hatte mehrere Jahre als Edelfräulein am französischen Hof verbracht und viel von französischen Sitten und Manieren angenommen. Sie war schlank, nicht sehr groß, brünett und von lebhafter Anmut. Die Komplimente des Königs schmeichelten ihrer Gefallsucht, aber seinen Werbungen setzte sie eine kluge Bestimmtheit entgegen: sie wollte mehr sein als nur seine Geliebte. So zog sie sich vom Hofe zurück. Heinrich schrieb ihr überschwengliche Liebesbriefe, in denen er sich «treu und unverbrüchlich mit Herz, Leib und Gemüt» der ihre nannte.[1*]

Heinrich war damals 35 Jahre alt, seine Gemahlin Katharina 41. Sie hatte vier Kinder tot zur Welt gebracht, ein fünftes war kurz nach der Geburt gestorben. Von ihr, die frühzeitig gealtert war, konnte der König kein Kind mehr erwarten. Aber ihn beherrschte der Wunsch, einen Sohn als Thronfolger zu haben. Wenn auch in England das Salische Gesetz, das Frauen von der Erbfolge ausschließt, nicht galt, so war man zu seiner Zeit doch allgemein davon überzeugt, daß eine Frau auf dem Thron ein Unglück sei. Entweder würde sie einen Einheimischen heiraten und damit die Eifersucht der anderen Großen des Landes hervorrufen oder sich mit einem ausländischen Fürsten verbinden und dadurch Englands Unabhängigkeit gefährden.

In den nächsten Jahren nahmen Heinrichs Gedanken an eine Scheidung von Katharina und eine Vermählung mit Anna Boleyn immer entschlossenere Formen an. Der Papst widersetzte sich seinem Scheidungsbegehren, zumal Katharina die Tante Kaiser Karls V. war. Der Prozeß zog sich jahrelang hin und führte schließlich zur Gründung der anglikanischen Kirche und zur Trennung von Rom. Am 25. Januar 1533 ließ sich der König heimlich mit Anna, die sich schwanger fühlte, trauen, und im

* Die hochgestellten Ziffern verweisen auf die Anmerkungen S. 146f.

Der Vater: Heinrich VIII. (1491–1547). Gemälde von Hans Holbein d. J.

Mai erklärte der Erzbischof von Canterbury, Cranmer, die Ehe mit Katharina für ungültig, weil blutschänderisch, da diese zuvor mit seinem Bruder verheiratet gewesen war, und erkannte die Rechtmäßigkeit der Ehe mit Anna Boleyn an.

Am 7. September 1533 wurde Anna im Lustschloß zu Greenwich zur maßlosen Enttäuschung des Königs von einem Mädchen entbunden. An dem feierlichen Gottesdienst zur Taufe seiner Tochter, die nach seiner Mutter Elisabeth genannt wurde, nahm er nicht teil. In Spanien und im Reich sprach man von ihr, die eine der großen Herrscherinnen der Geschichte werden sollte, nur als von dem «Hurenbastard».

Das Kind wurde seiner Mutter bald weggenommen und aus der ungesunden Luft Londons in den Palast von Hatfield gebracht. Dort und in

Die Mutter (zweite Frau von Heinrich VIII.): Anna Boleyn. Anonymes Gemälde

den benachbarten Landhäusern von Hertfordshire verlebte Elisabeth den größten Teil ihrer ersten zehn Jahre. Sie war ein lebhaftes Geschöpf mit rotblonden Haaren, braunen Augen und sehr weißer Haut. Früh zeigte sie sich lernbegierig und nicht selten eigensinnig.

Der Einfluß ihrer Mutter auf den König, der es eines Mädchens wegen schwerlich zum Bruch mit Rom hätte kommen lassen, hatte sehr abgenommen und schwand, nachdem sie zwei Fehlgeburten erlitten, vollends dahin. Sie wurde launisch, eifersüchtig und anmaßend. Als eines Tages die Tochter Katharinas, die jetzt siebzehnjährige Maria, der man ihren Titel als Prinzessin von Wales aberkannt hatte, auf Befehl des Königs bei der kleinen Elisabeth als Ehrendame antreten sollte und sich dagegen sträubte, verlangte Anna, daß man den «verfluchten Bastard ohrfeigen» solle. Mit alldem bewirkte sie, daß Heinrich, der sich inzwischen der demütig-zärtlichen Hofdame Jane Seymour zugewandt hatte, darauf sann, sich ihrer zu entledigen.

Im Mai 1536 wurde sie in den Tower gebracht und in einem schmutzigen Prozeß des Ehebruchs mit fünf Männern, darunter ihr Bruder, angeklagt und schuldig gesprochen. Am 19. Mai wurde sie hingerichtet. Unter gellendem Lachen soll sie zu dem Henker, der sie enthauptete, gesagt haben, indem sie ihren Hals mit beiden Händen umspannte: «Es wird Euch nicht schwerfallen, denn er ist schmal, sehr schmal.»[2]

Am nächsten Tag heiratete der König Jane Seymour. Wie Elisabeth auf den Tod ihrer Mutter, dessen Umstände zunächst vor ihr geheimgehalten wurden, reagiert und ob sie ihn überhaupt recht begriffen hat, wissen wir nicht. Erinnerungen an sie wird sie kaum gehabt haben. Außerdem war eine Hinrichtung damals nichts Besonderes. «Das Schafott war eine Staatseinrichtung, der die großen Familien jener Zeit eine nach der anderen ihren Tribut zahlten.»[3] Ihren Vater, dessen kraftvolle Majestät ihr imponierte, bewunderte sie, und er fand Gefallen an dem hübschen, gesunden Kind. Bei einem Fest führte er seine kleine Tochter in die Kapelle und nach dem Essen nahm er sie auf den Arm und zeigte sie stolz den Höflingen.

1537 erfüllte sich endlich der Wunsch des Königs nach einem männlichen Thronerben. Seine dritte Gemahlin Jane kam am 12. Oktober mit einem Sohn nieder. Mit Freudenfeuern und rauschenden Festen feierte

Hampton Court

Katharina von Aragón (erste Frau von Heinrich VIII.)

Jane Seymour (dritte Frau von Heinrich VIII.). Gemälde von Hans Holbein d. J.

Anna von Kleve (vierte Frau von Heinrich VIII.)

Katharina Parr (sechste Frau von Heinrich VIII.)

Das erste Porträt: Elisabeth als junges Mädchen. Anonymes zeitgenössisches Gemälde

die Bevölkerung das für England bedeutsame Ereignis. Eine Woche später starb Jane Seymour.

Bei der Taufe von Prinz Eduard in Hampton Court trat Elisabeth zum erstenmal öffentlich auf. Sie trug das Kleid des Täuflings und wurde selbst von zwei Lords getragen. Wie schon zuvor ihre Halbschwester Maria wurde auch sie jetzt für illegitim erklärt. Als ihr Hofmeister Elisabeth den Beschluß mitteilte, sah die Vierjährige ihn aufmerksam an und fragte dann: «Wie kommt es, Hofmeister – gestern my Lady Princess und heute nur noch Lady Elizabeth?»[4] (Elisabeth wurde aber – um das vorwegzunehmen – zusammen mit Maria durch Parlamentsbeschluß von 1544 wieder in die Thronfolge eingereiht.)

An den Hof kam sie zu dieser Zeit nur selten, gelegentlich wurde sie in einer Sänfte nach Richmond oder Hampton Court gebracht. So blieb sie von dem fatalen Ausgang der nächsten Ehen ihres Vaters unberührt. Heinrichs Verbindung mit Anna von Kleve, mit der er sich 1540 trauen ließ, wurde schon im folgenden Jahr annulliert, und die nächste Königin, Katharina Howard, eine Kusine von Anna Boleyn, wurde 1542 wegen angeblichen Ehebruchs hingerichtet.

Im Sommer 1543 schloß Heinrich seine sechste und letzte Ehe mit Katharina Parr, einer ausnehmend gebildeten Witwe von 30 Jahren. Sie holte ihre Stieftochter Elisabeth, der sie mütterlich zugetan war, an den Hof und sorgte dafür, daß sie, der schon ihre Gouvernante Katherine Champernowne die ersten Kenntnisse fremder Sprachen beigebracht hatte, eine gründliche Ausbildung erhielt. Mit zehn Jahren beherrschte Elisabeth Französisch und Italienisch und konnte leidlich Spanisch. Daneben wurde sie in Musik, Poetik und Philosophie unterrichtet und mußte zu ihrem Verdruß auch handarbeiten lernen. Als sie fünfzehn war, sah ihr Tagespensum vormittags die Lektüre des griechischen Neuen Testaments vor und die Übersetzung von Sophokles oder Demosthenes ins Englische und zurück ins Griechische. Nachmittags las sie Livius und Cicero, Melanchthon und andere ausgewählte Schriften zur Theologie und Politik. Ihr Erzieher Roger Ascham, ein Gelehrter aus Cambridge, schrieb an einen Straßburger Freund: «Sie spricht Italienisch und Französisch so gut wie Englisch. Sie hat mit mir oft fließend und gut Lateinisch und in geringerem Maße Griechisch gesprochen. Sie liebt Musik und ist in deren Ausübung sehr geschickt. Sie kleidet sich elegant, aber nicht auffallend.»[5]

Der Königin Katharina schenkte Elisabeth zu Weihnachten 1545 eine von ihr angefertigte Übersetzung von deren Gebeten und Meditationen ins Lateinische, Französische und Italienische; auch späterhin übersetzte sie in Mußestunden aus lateinischen und griechischen Klassikern und noch mit über 60 Jahren übertrug sie die «Tröstungen der Philosophie» des Boethius ins Englische. Als Regentin war sie durch ihre Sprachkenntnisse in den Stand gesetzt, ohne Dolmetscher, und mitunter ohne Wissen des Staatsrats, mit fremden Gesandten zu verhandeln, und ihre theologi-

Roger Ascham, Elisabeths Lehrer

sche Bildung, ihre Belesenheit in der Bibel und den Schriften der Kirchenväter kamen ihr beim Disput mit den Bischöfen zugute. Dafür, daß sie kein Blaustrumpf wurde, sorgten die regelmäßigen Übungen im Reiten, Tanzen und Bogenschießen. Sie war bis in ihre fünfziger Jahre eine ausgezeichnete Reiterin und leidenschaftliche Jägerin, und noch im Alter tanzte sie gern und gut.

Ihre Vorliebe für Bücher und Lesen zeigt das früheste Porträt, das wir von ihr besitzen: das blasse Mädchen mit rötlichem Haar im weitärmeligen Brokatgewand hält ein kleines Buch in den Händen; daneben liegt auf einem Lesepult ein aufgeschlagener Foliant. Ihr Gesicht wirkt kindlich, ihre Haltung selbstbewußt.

Mit dem Tod ihres Vaters im Januar 1547 war, wie sich bald erweisen sollte, die Kindheit der Dreizehneinhalbjährigen zu Ende.

Das Spiel mit dem Feuer

Mit Eduard trat der jüngste der drei Nachkommen Heinrichs VIII. dessen Nachfolge an. Nach dem Testament seines Vaters sollte für den Unmündigen eine Gruppe von Staatsräten die Regierung führen. Aber Eduards Onkel Edward Seymour, Earl of Hertford, riß sofort die Macht an sich. Er ernannte sich zum Lordprotektor und legte sich den Titel eines Herzogs von Somerset zu. Seinen jüngeren Bruder Thomas Seymour machte er zum Großadmiral, doch das war diesem nicht genug. Er war ein ehrgeiziger, mutiger, charmanter Mann, und sehr leichtsinnig. Nicht nur, daß er dem Bruder dessen überragende Stellung mißgönnte, er war auch unvorsichtig genug, das merken zu lassen. Zunächst heiratete er, drei Monate nach Heinrichs Tod, heimlich Katharina Parr. Da diese die Frau des Lordprotektors nicht leiden konnte und als Königin-Witwe den Vortritt vor Lady Somerset verlangte, kam zu der Spannung zwischen den Brüdern nun noch der Streit der beiden Frauen.

Elisabeth wohnte damals noch bei ihrer Stiefmutter im Chelsea-Palast, zu dem Thomas Seymour Tag und Nacht Zugang hatte. Alsbald begann er, mit der jungen Prinzessin zu flirten, wenn man seine plumpen Annäherungen so nennen will. Er stürmte morgens unangemeldet in ihr Zimmer, wenn sie noch zu Bette lag oder sich gerade anzog, umarmte sie, kitzelte sie, raubte ihr Küsse, gab ihr wenig artige Klapse und erzählte ihr derbe erotische Scherze. Das ging so eine Weile. Aber als er sich eines Tages über sie warf, stieß sie ihn zurück und beendete die heimliche Romanze, die ihre Neugier gereizt haben mochte, indem sie ihn hinfort nicht beachtete oder sich hinter ihren Bettvorhängen versteckt hielt. Offenbar hatte sie sich anfangs in den routinierten Verführer verliebt – man erzählte sich, daß sie errötete, wenn sie ihn sah oder nur seinen Namen nennen hörte –, aber seine groben Zudringlichkeiten beleidigten die Fünfzehnjährige und stießen sie ab.

Man ist versucht, in diesem frühen Erlebnis, das ihre Sinnlichkeit weckte und zugleich eine tief in ihr wurzelnde Angst vor sexuellem Kontakt mobilisierte, die Ursache, oder doch die erste Äußerung, ihres äußerst komplizierten, im Grunde zeitlebens undurchsichtigen erotischen Verhaltens zu sehen. Einem starken Liebesverlangen, das sie unverhohlen, oft bedenkenlos zur Schau trug, die Sucht nach kultischer Verehrung von seiten ruhmreicher oder schöner Männer stand bei der «jungfräulichen Königin» immer eine schwer erklärbare Scheu vor dem geschlechtlichen Vollzug entgegen. Unbeweisbare medizinische Hypothesen darüber gab es schon zu ihrer Zeit; aber schließlich muß man nicht alles wissen, und dies war sicher nicht das Wichtigste in ihrem Leben, so folgenreich politisch auch ihre Weigerung, zu heiraten, zuzeiten war. Kehren wir also zum Fortgang der Ereignisse zurück!

Katharina Parr, die zunächst das ihr harmlos erscheinende Spiel geduldet hatte, wurde, seit sie schwanger geworden war, von Eifersucht gepackt. Sie war so vernünftig, ohne viel Aufhebens zu veranlassen, daß Elisabeth den Hof verließ und mit ihrem Gefolge eine eigene Haushaltung in Cheshunt bezog. Von dort schrieb diese einen taktvoll-geschickten Brief an ihre Stiefmutter. *Wenn ich*, heißt es darin, *bei meinem Abschied nicht genug danken konnte für all die vielen Freundlichkeiten, die ich aus Eurer Hoheit Hand empfangen habe, so muß man mir das nachsehen, denn ich war wirklich zu sehr von Kummer erfüllt, von Eurer Hoheit zu scheiden ... Ich empfand es um so tiefer, als Ihr sagtet, Ihr würdet mich vor allem Bösen warnen, das Ihr über mich hören würdet; denn dächte Euer Gnaden nicht gut von mir, so hättet Ihr mir gar nicht auf diese Weise Eure Freundschaft bekundet ... Eurer Hoheit untertänige Tochter Elisabeth.*[6]

Wenige Wochen später starb Katharina Parr im Wochenbett. Seymour, der nun frei war, zögerte nicht, sich um Elisabeth zu bewerben. Von der Verbindung mit der Königstochter konnte er sich bei dem Unternehmen, seinen Bruder zu stürzen, entscheidenden Vorteil versprechen. Elisabeths frühere Gouvernante, jetzt verheiratete Mistress Ashley, war ihr als Hofmeisterin nach Cheshunt gefolgt und gefiel sich in der Rolle der Heiratsvermittlerin. Sie werde sich doch nicht weigern, sagte sie zu ihrer Herrin, wenn der Lordprotektor und der Staatsrat es befürworteten. Auch ihr Schatzmeister Sir Thomas Parry riet ihr zu der Heirat, worauf sie ihm «eine jener Antworten gab, die keine Antworten waren»[7].

Inzwischen waren Gerüchte über die Umsturzpläne Seymours, den seine Verbündeten vergeblich zu Besonnenheit ermahnt hatten, an die Öffentlichkeit gedrungen. Da er zu einer Unterredung mit seinem Bruder, zu der dieser ihn vorgeladen hatte, nicht erschien, wurde er am 17. Januar 1549 in den Tower gebracht. Verhaftet wurden auch Mistress Ashley und Thomas Parry, denen Beteiligung an dem Heiratsplan vorgeworfen wurde. Sie, wie auch Elisabeth, wurden strengen Verhören unterzogen. Über Elisabeth schrieb Sir Robert Tyrwhitt, der die Untersuchung leitete: «Sie verfügt über einen sehr scharfen Verstand, und nur mit großer List ist etwas aus ihr herauszuholen.»[8]

In Wirklichkeit holte er aus ihr gar nichts heraus. Sie setzte sich energisch für ihre Bediensteten ein, die dann auch aus der Haft entlassen wurden. Zuvor hatte sie an den Lordprotektor einen diplomatisch geschliffe-

Thomas Seymour. Anonymes zeitgenössisches Gemälde

nen Brief geschrieben. *Eure große Freundlichkeit und Euer Wohlwollen gegen mich ... erkenne ich wohl und sage Euch meinen geziemenden ehrerbietigsten Dank dafür. Und da Euer Lordschaft es wünscht und mir als aufrichtiger Freund anrät auszusagen, was ich in dieser Sache weiß ... so werde ich es bereitwilligst tun ... Was Kate Ashley betrifft, so hat sie immer, wenn jemand von meiner Vermählung redete, gesagt, daß sie niemals damit einverstanden sein würde, daß ich mich ohne Zustimmung Seiner Majestät des Königs, Eurer Gnaden und des Rats verheirate ... Master Tyrwhitt und andere haben mir erzählt, daß ein Gerücht umgeht, das sich schwer an meiner Ehre und Anständigkeit vergreift und das besagt, ich sei in Hoffnung von Mylord Admiral. Mylord, das ist eine schändliche Verleumdung, und deshalb bitte ich Euer Lordschaft aufs herzlichste, mich unverzüglich an den Hof kommen zu lassen, damit ich mich dort zeige, wie ich bin. Eure zuverlässige Freundin nach meinem geringen Vermögen.*[9]

Thomas Seymour wurde des Hochverrats angeklagt wie auch des intriganten Versuchs, die Prinzessin zu heiraten. Am 4. März wurde er zum Tode verurteilt und am 20. März enthauptet. Der Mann starb sehr tapfer, sagten die Leute. Elisabeth, die sich während seiner Gefangenschaft trotz ihrer gefährdeten Lage sehr teilnehmend verhalten hatte, urteilte später über ihn, *er sei ein Mann von großen geistigen Fähigkeiten, aber wenig Urteilskraft gewesen.*

Ohne Folgen blieb die Affäre Seymour für sie nicht. Am Hofe war sie in Ungnade gefallen, zwei Jahre lang wurde sie von ihrem königlichen Halbbruder nicht empfangen. Auch waren die Aufregungen der letzten anderthalb Jahre nicht spurlos an ihr vorübergegangen. Sie war viel krank und lag lange mit Zeichen nervöser Erschöpfung darnieder. Aus der Politik hielt sie sich, vorsichtig geworden, klug zurück, insbesondere gegenüber den Versuchen, sie in die Machenschaften hereinzuziehen, zu denen der neue Inhaber der Regierungsgewalt sie verleiten wollte. Das war jetzt John Dudley, Graf von Warwick, später zum Herzog von Northumberland ernannt, der im Herbst 1549 den Lordprotektor gestürzt und in den Tower geworfen hatte. Zwar kehrte Edward Seymour nach einiger Zeit in den Staatsrat zurück, aber im Januar 1551 wurde er wegen Hochverrats

London: Der Tower. Radierung von Wenzel Hollar

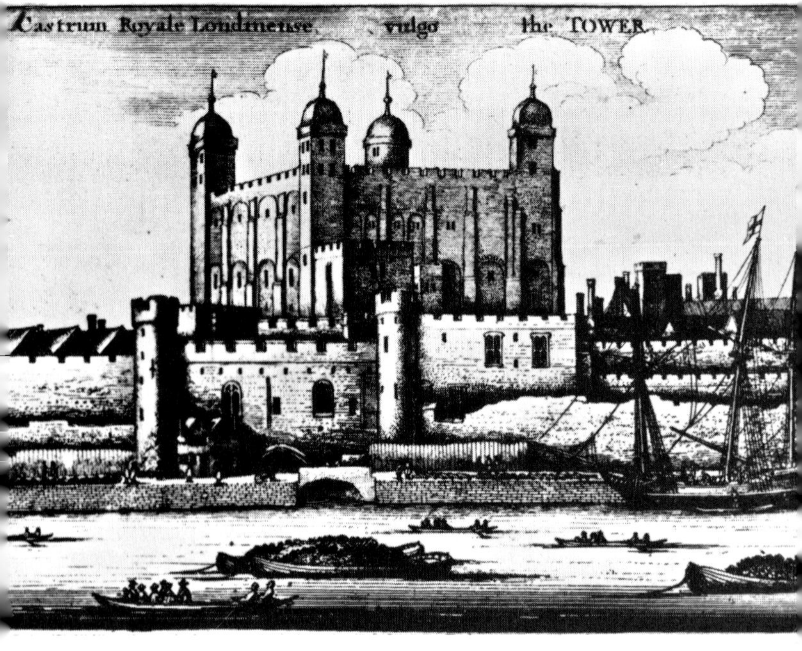

Eduard VI., Elisabeths Halbbruder, einziger Sohn Heinrichs VIII. (1537–1553)

hingerichtet. Sein Neffe Eduard, der als Junge ihm bewunderndes Vertrauen erwiesen hatte, quittierte das in seinem Tagebuch mit dem Satz: «Dem Herzog von Somerset wurde heute zwischen acht und neun Uhr morgens der Kopf abgeschlagen.»[10]

Zwischen Elisabeth und Eduard hatte sich das frühere geschwisterliche Verhältnis zweier mutterlos Aufwachsender wieder eingestellt. Eduard schenkte ihr das Schloß Hatfield, in dem sie die meiste Zeit ihrer Kindheit verbracht hatte, und sie schickte ihm ihr Bild zusammen mit einem herzlichen, lateinisch abgefaßten Brief. Sein rasch zunehmender körperlicher Verfall wurde ihr verheimlicht. An einem Besuch, den sie ihm machen wollte, wurde sie unterwegs gehindert und zur Rückkehr gezwungen. Am 6. Juli 1553 starb König Eduard mit sechzehn Jahren an der Schwindsucht.

Königin Maria die Katholische
Elisabeth im Tower

Der König war noch nicht bestattet, da versuchte Northumberland, der seinen radikal protestantischen Kurs verteidigen wollte, Jane Grey, eine Großnichte Heinrichs VIII., auf den Thron zu bringen. Der Coup, der beide das Leben kostete, schlug fehl, weil sich Volk, Heer und Hauptstadt einmütig für Maria, die rechtmäßige Nachfolgerin, erklärten. Nach zehn Tagen gratulierte ihr Elisabeth in einem Huldigungsschreiben und fragte, wann sie ihre Aufwartung machen dürfe. Maria empfing sie, die mit einem Gefolge von tausend Reitern erschienen war, überaus herzlich, schenkte ihr eine mit Rubinen besetzte Diamantbrosche und ließ sie kostbar einkleiden. Bei dem Krönungszug ritt Elisabeth gleich hinter der Königin in London ein und wurde von der Menge mit Beifall begrüßt. Mit ihren zwanzig Jahren stand sie in der Blüte ihrer Jugend, sie saß glänzend zu Pferde und beeindruckte durch Haltung und Erscheinung. Vielleicht verspürte ihre siebzehn Jahre ältere Schwester schon damals etwas von der Eifersucht, die sich bald zum Haß steigern und von Elisabeth außer ihrer angeborenen Schlauheit auch alle in den vergangenen Jahren erworbene List und Verstellungskunst fordern sollte.

Zur Popularität Elisabeths trug nicht wenig bei, daß sie im Unterschied zu der Halbspanierin Maria «rein englisch» war. Dazu kam, daß Maria, von Kindheit an streng katholisch erzogen, an Sympathien im Volk verlor, weil sie die Messe nach altem Ritus wieder einführte und die Oberhoheit des Papstes wieder anerkennen wollte. Von Elisabeth verlangte sie, ihren Irrglauben aufzugeben, aber diese berief sich darauf, daß sie die Lehren der katholischen Religion nicht genügend kenne, da sie in einem anderen Glauben aufgewachsen sei. Schließlich versprach sie, eine Messe zu besuchen, aber an dem angesetzten Tag, zu Mariä Geburt, schützte sie Unwohlsein vor. Als sie auch weiterhin den Gottesdienst in der königlichen Kapelle nur unregelmäßig besuchte, warf ihr Maria vor, ihre gelegentliche Teilnahme an der Messe sei nur Heuchelei, sie und alle ihre Diener seien Ketzer. In den nächsten Monaten mußte sich Elisabeth am Hofe kränkende Zurücksetzungen gefallen lassen. Um Weihnachten bat sie, sich zurückziehen und in ihr Haus in Ashridge übersiedeln zu dürfen, was ihr gnädig gewährt wurde. Daß sie beim Abschied um Übersendung von

Maria Tudor, Elisabeths Halbschwester, später Maria I. von England, genannt Maria die Blutige oder die Katholische

Chorröcken, Meßkelchen und Meßgewändern bat, wird Maria kaum als Zeichen von Aufrichtigkeit empfunden haben.

Die Stimmung im Volk, das nicht mehr geschlossen hinter Maria stand, wurde bedrohlich, als die Königin ihre bevorstehende Heirat mit Philipp von Spanien gekanntgab. Selbst die katholisch Gesinnten lehnten die Ehe mit dem übermächtigen Ausländer ab, durch den sie die traditionellen englischen Freiheiten bedroht sahen. In London wurden Flugblätter gegen die Suprematie des Papstes verteilt, und als Anfang Januar die Bevollmächtigten Karls V. zur Unterzeichnung des Ehevertrags nach London kamen, wurden sie von Straßenjungen mit Schneebällen beworfen.

Der allgemeine Unwille verdichtete sich zu einer Verschwörung, die auf Marias Sturz zielte. Elisabeth wurde in Ashridge von Mitgliedern des Komplotts besucht und aufgefordert, sich für die Nachfolge bereit zu halten, doch war sie klug genug, sich, wenigstens schriftlich, dazu mit keiner Silbe zu äußern. Der Aufstand, schlecht organisiert, brach verfrüht im Januar 1554 aus, der Anführer Sir Thomas Wyatt wurde gefangengenommen, die Rebellion war in zwei Wochen niedergeschlagen.

Sobald Maria von dem Aufstand erfuhr, bestellte sie Elisabeth an den Hof – eine Order, über deren Bedeutung kein Zweifel sein konnte. Elisabeth entschuldigte sich mit Krankheit. Darauf schickte die Königin einige Herren des Kronrats und zwei Ärzte nach Ashridge. Sie stellten fest, daß Elisabeth starke Schwellungen am Körper, vermutlich infolge einer Nierenentzündung, hatte und vor lauter Aufregung sehr elend war, fanden aber, daß sie transportfähig sei, wenn man in kurzen Etappen reiste. Als sie sich nach fünf Tagen der City näherte, hatte sie sich wieder in der Gewalt. Sie ließ die Vorhänge ihrer Sänfte zurückziehen, so daß das Volk sie sehen konnte. Ganz in Weiß gekleidet und totenblaß wirkte sie dennoch stolz, hochmütig und trotzig. Sie wurde in den Palast von Whitehall gebracht, von ihren Dienern getrennt und wochenlang als Gefangene behandelt. Eine Audienz, um die sie ihre Schwester wiederholt bat, wurde ihr nicht gewährt.

Für Maria stand es von vornherein fest, daß Elisabeth an der Verschwörung beteiligt war, und der Lordkanzler Gardiner legte es bei den Verhören von Wyatt und seinen Genossen darauf an, Beweise für Elisabeths Schuld zu erbringen. Zwar gestand Wyatt unter der Folter ihre Mitwisserschaft, aber auf dem Schafott widerrief er seine Aussage kategorisch. Doch Maria beharrte auf ihrem Verdacht und befahl, Elisabeth in den Tower zu bringen. Von den beiden Peers, die sie dorthin geleiten sollten, war der eine, der Graf von Sussex, so gutmütig, Elisabeth auf ihre flehentlichen Bitten hin zu erlauben, an Maria, die sie während der ganzen Zeit nicht angehört hatte, einen Brief zu schreiben. Trotz ihrer verzweifelten Todesangst raffte sie sich auf zu einer festen Beteuerung ihrer Unschuld und einem Appell an die Gerechtigkeit der Königin.

Wenn der alte Spruch jemals gegolten hat, daß ein Königswort mehr gilt als eines anderen Menschen Eid, so flehe ich Euer Majestät untertänigst an, ihn jetzt mir gegenüber zu bewahrheiten und Eures letzten Versprechens und meiner letzten Bitte zu gedenken, daß ich nicht verurteilt werden soll, ohne mich verantworten zu können und ohne rechtsgültigen Beweis; was jetzt offenbar geschehen soll. Denn ohne erwiesenen Grund erhalte ich vom Staatsrat in Eurem Namen den Befehl, mich in den Tower zu begeben, einen Ort, der einem hinterhältigen Verräter zukommt, aber nicht einer treuen Untertanin ... Ich bezeuge vor Gott, daß ich niemals etwas began-

gen, angeraten oder gebilligt habe, das irgendwie Eurer Person nachteilig oder dem Staate auch nur im geringsten gefährlich sein könnte. Und deshalb flehe ich Euer Majestät untertänigst an, daß ich mich vor Euch selbst verantworten darf und nicht nur auf Eure Räte angewiesen bin, noch bevor ich in den Tower gehe ... Möge das Gewissen Eure Hoheit bewegen, meine

Philipp II. von Spanien. Gemälde von Tizian

Sir Thomas Wyatt

Kühnheit zu verzeihen, zu der mich Unschuld ermutigt, zugleich mit der Hoffnung auf Eure natürliche Freundlichkeit, die gewiß nicht zulassen wird, daß ich schuldlos verstoßen werde ... Was den Verräter Wyatt betrifft, so mag er mir vielleicht einen Brief geschrieben haben, aber ich habe bei meiner Ehre niemals einen von ihm erhalten ...

Da ihr Brief nur eine und eine viertel Seite lang war, zog sie über den leeren Raum der zweiten Seite elf schräge Striche, um zu verhindern, daß ein Fälscher Zusätze anbringen könnte. Darunter setzte sie die Schlußworte: *Ich flehe untertänigst nur um ein Wort der Erwiderung von Euch selbst. – Eurer Hoheit getreueste Untertanin, wie von Anbeginn bis an mein Ende.*[11] Der Brief blieb unbeantwortet und hatte nur zur Folge, daß Maria den Überbringer Sussex zornig anfuhr, unter Heinrich VIII. hätten sich die Untertanen Derartiges nicht erlaubt.

Am nächsten Morgen, es war der Palmsonntag und es regnete in Strömen, wurde Elisabeth auf dem Wasserwege zum Tower geleitet; man hatte sich gescheut, sie durch die Straßen zu führen. Als die Barke vor dem Tor anlegte, das später «Traitor's Gate», das Tor der Verräter, genannt wurde, geriet sie in Panik; es war das Tor, durch das ihre Mutter und Thomas Seymour, ihre erste Liebe, zum Richtblock geführt worden waren. Sie erzählte später, daß sie damals nur den Wunsch gehabt habe, mit dem Schwert und nicht mit der Axt hingerichtet zu werden. An der Treppe, die zum Turm hinaufführte, weigerte sie sich weiterzugehen. Ihr Kammerherr brach in Tränen aus, und die Wachen fielen auf die Knie und riefen: «Gott schütze Euer Gnaden!» Dann faßte sie sich und ließ sich in den ersten Stock bringen, wo sie in einem geräumigen Gelaß eingeschlossen wurde.

Während der zwei Monate, die sie hier verbrachte, war sie von jedem Kontakt mit der Außenwelt abgeschnitten. Sie durfte auch nicht schreiben und bekam keine Bücher, nicht einmal das Neue Testament, um das sie gebeten hatte. Die Untersuchungen gegen sie gingen weiter, blieben aber ohne triftigen Erfolg, die dürftigen Ergebnisse reichten zu einer Verurteilung nicht aus. Andererseits war an ihre Rückkehr an den Hof nicht zu denken, um so weniger, als der Termin für die Heirat Marias mit

Elisabeths Siegel

Elisabeth wird nach Whitehall gebracht. Gemälde von Robert Peake

Philipp – sie wurden im Juli 1554 getraut – näher rückte. Da man bei ihrer Anwesenheit in London Unruhen befürchtete und in ihr den Sammelpunkt von Gegnern der spanischen Heirat sah, beschloß Maria, sie nach Woodstock in Oxfordshire bringen zu lassen, denn dort stand das am weitesten von London entfernte königliche Schloß.

Elisabeth, der man Ziel und Zweck dieser Reise nicht genannt hatte, fürchtete, ihr Ende stehe dicht bevor. Aber schon am ersten Abend, als sie in Richmond ankam, wurde sie, deren Popularität durch die Einkerkerung noch gewachsen war, mit drei Kanonensalven begrüßt. Später in Aston läuteten ihr zu Ehren einige Einwohner, die dafür mit Gefängnis

büßen mußten, die Kirchenglocken. In jedem Ort, durch den sie kam, standen die Leute an der Straße, Frauen reichten ihr Kuchen und Waffeln in die Sänfte.

Woodstock erwies sich als so baufällig, daß Elisabeth und ihre Damen in vier Zimmern des Pförtnerhauses Unterkunft nehmen mußten. Hier blieb sie zehn Monate unter strengster Bewachung; nachts wurde das Gelände von Soldaten abgeschirmt. Als sie erkrankte – sie litt wie früher schon an «wässerigen Säften», wohl Ödemen –, wollte Maria ihr einen Landarzt schicken, aber Elisabeth widersprach zornig: *Ich bin nicht gewillt, irgendeinen Fremden mit dem Zustand meines Körpers bekannt zu*

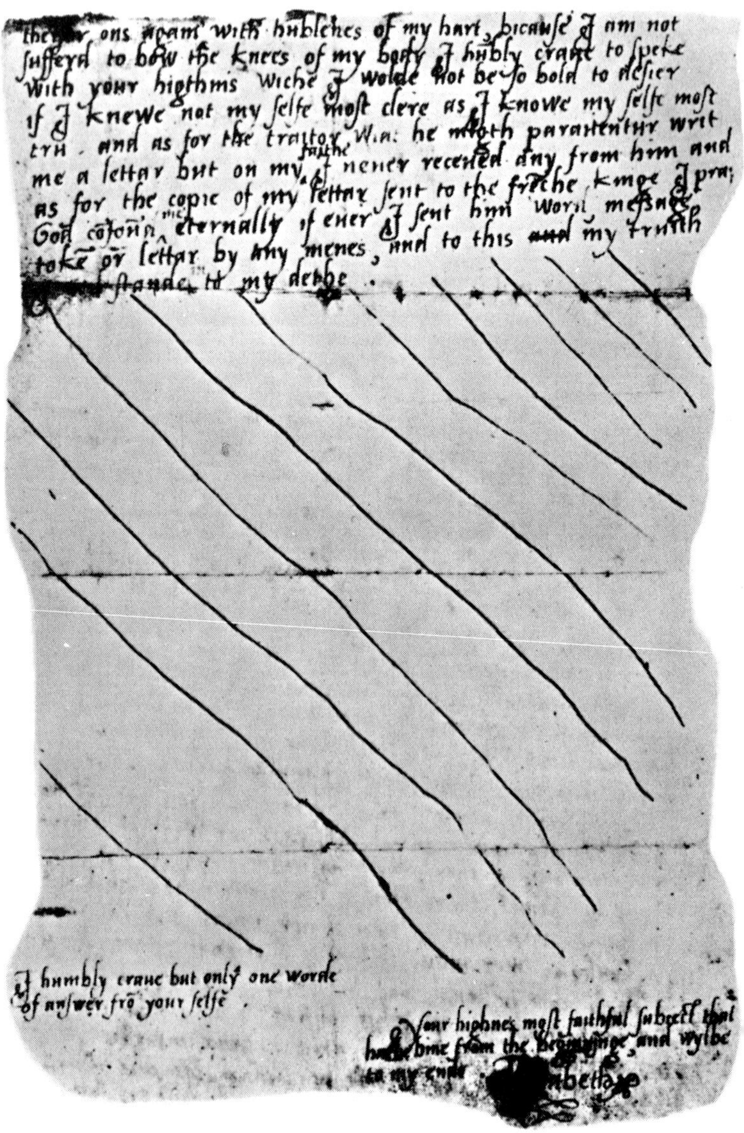
theyfor ons again with hublenes of my hart, bicause I am not
sufferd to bow the knees of my body I hubly crave to speke
with your higthnis wiche I wolde not be so bold to desier
if I knewe not my selfe most clere as I knowe my selfe most
tru. and as for the traitor Wia: he migth paraventur writ
me a lettar but on my faithe I never receved any from him and
as for the copie of my lettar sent to the frēche kinge I pray
God cōfoūd me eternally if ever I sent him word, message,
toke or lettar by any menes, and to this my truth
I will stande in to my dethe.

I humbly crave but only one worde
of answer frō your selfe.

Your highnes most faithful subiect that
hath bine from the beginninge and wylbe
to my ende. Elizabeth

Die zweite Seite des Briefs, den Elisabeth an ihre Halbschwester Maria nach Wyatts Verschwörung schrieb

machen, dann überlasse ich alles Gott[12], worauf sie den Besuch ihres Leibarztes genehmigt bekam, der Purgieren und Aderlaß verordnete.

In einem anderen Fall verhielt sie sich nachgiebig. Maria, der man hinterbracht hatte, daß Elisabeths Kaplan die Gebete auf englisch las, befahl ihr, sie müsse sich an die vorgeschriebene lateinische Form halten. Darauf gelobte sie, «von ganzem Herzen gehorsam» zu sein und nahm auch das Abendmahl nach römisch-katholischem Ritus. «Sie ist zu klug, um sich fangen zu lassen», lautete dazu der Kommentar eines ausländischen Diplomaten.

Philipp II. und Maria Tudor (später Maria I.). Zeitgenössisches Gemälde eines unbekannten Künstlers

London im 16. Jahrhundert

Durch die Heirat mit Philipp von Spanien war Maria in ihrem Vorsatz bestärkt worden, England in den Schoß der katholischen Kirche zurückzuführen. Am 30. November 1554 beschloß das Parlament in einer erregten Sitzung, die Reformation Heinrichs VIII. rückgängig zu machen, worauf der römische Legat, Kardinal Pole, England von dem päpstlichen Interdikt freisprach. Bald darauf begannen die Ketzerverfolgungen, die Maria den Beinamen «die Blutige» einbrachten. Im ganzen Land rauchten die Scheiterhaufen, und unter den Märtyrern waren auch Frauen und politisch Verdächtige. Nur wenigen von den protestantischen Geistlichen gelang es, ins Ausland zu fliehen. Das Volk war entsetzt über das Ausmaß des Grauens, auch die meisten Katholiken hatten an solche Folgen des Parlamentsbeschlusses nicht gedacht, und selbst unter den ausländischen Beobachtern, in den kaiserlichen, französischen und venezianischen Gesandtschaften, herrschte Empörung.

Im Frühjahr 1555 glaubte die Königin, schwanger zu sein. Mit der Befürchtung, sie könne im Kindbett sterben, verband sich für sie das Problem der möglichen Nachfolge. Auch Philipp wollte die Thronfolge geregelt wissen, bevor er England verließ. So kam es nach Ostern, für Elisabeth völlig überraschend, zu ihrer Freilassung aus Woodstock. Sie wurde an den Hof gebracht, aber in Hampton Court weiterhin in strenger Abgeschlossenheit gehalten. Maria, die sie achtzehn Monate nicht gesehen hatte, empfing sie erst nach vielen Wochen und versuchte, ihr ein Geständnis zu entlocken oder sie zu einer Trotzhaltung zu provozieren. Aber Elisabeth wich geschickt aus und versicherte in formvollendeter Unterwürfigkeit, daß sie von jeher ihre treueste Untertanin gewesen sei und immer bleiben werde.

Allmählich wurde die Beaufsichtigung durch die ihr verhaßte Herzogin von Alba gelockert, und im Herbst wurde ihr gestattet, sich wieder nach Hatfield zu begeben. Daß man ihr auf den Straßen Londons zujubelte, nahm sie diesmal aus verständlicher Vorsicht nicht sichtbar zur Kenntnis. In Hatfield erfreute sie sich in einem kleinen Kreis von Vertrauten an musischer Geselligkeit und an ihren geliebten Büchern; an politischen Nachrichten zeigte sie sich scheinbar uninteressiert. So brachte sie auch ein rasch zusammengebrochener Aufstand im nächsten Frühjahr in keine neue Gefahr; ja, Maria ließ ihr ausrichten, daß sie den Gerüchten, Elisabeth sei in das Komplott verwickelt gewesen, keinen Glauben schenke.

Bei einem neuerlichen Aufenthalt in England hatte Philipp die Königin zur Unterstützung seines Krieges gegen Frankreich überredet. Das militärisch schlecht vorbereitete Unternehmen endete nach sechs Monaten mit einer Niederlage der Engländer und ihrem Verlust von Calais, dem einst teuer erkauften Brückenkopf auf dem Kontinent. Der englische Nationalstolz war tief getroffen, und Marias Ansehen im Lande, ohnehin durch die spanische Ehe und ihre papistische Politik sehr geschwächt, war danach so gering wie nie zuvor. Auch persönlich fühlte sie sich unglücklich: ihr Mann war nach nur dreieinhalb Monaten wieder abgereist, und sie hatte die Hoffnung auf einen Erben endgültig aufgeben müssen. In ihrer Verlassenheit bat sie ihre Halbschwester an den Hof und lebte mit ihr einige Monate in friedlicher Gemeinschaft.

Schon seit längerem litt sie an Wassersucht und wurde von Todesahnungen gequält. Als sich im Herbst 1558 ihr Zustand verschlechterte, ließ sie sich von Philipp, der eingesehen hatte, daß er nie König von England werden könne, dazu bestimmen, Elisabeth als Nachfolgerin vorzuschlagen. Sie machte dabei zur Bedingung, daß diese sich verpflichte, an dem alten Glauben festzuhalten. Am 9. November bestätigte der Staatsrat die Wahl Elisabeths zur Thronfolgerin, nachdem Philipps Botschafter, der Graf de Feria, die Zustimmung seines Dynasten bekanntgegeben hatte.

Als Feria am nächsten Tag nach Hatfield ritt, um die zukünftige Königin zu beglückwünschen und dabei betonte, daß sie ihre Wahl vor allem seinem Herrn zu verdanken habe, wies sie die Bemerkung kühl zurück: das englische Volk, nicht ein fremder Fürst, habe entschieden. Der Spanier faßte seinen Eindruck von Elisabeth, deren Sicherheit ihn verblüffte, in die Worte: «Sie ist eine sehr eitle Frau, aber auch sehr schlau. Offenbar bewundert sie ihren Vater und dessen Politik sehr.» [13]

Eine Woche später, am 17. November 1558, starb Maria. Mit 25 Jahren konnte Elisabeth nach wechselvoller Jugend und lebensgefährdenden Bedrohungen die rechtmäßige Herrschaft über ihr Land antreten.

Krönung und erste Regierungsjahre
Neuordnung der Kirche
Liebe und Heiratsprojekte

Die Nachricht von Elisabeths Thronbesteigung löste nicht nur in der Hauptstadt und im Süden des Landes Jubel und Treuekundgebungen aus, sondern wurde auch von der meist katholischen Bevölkerung der Nordprovinzen spontan begrüßt. Zu der Erleichterung der einen, daß es nun keine Protestantenverfolgungen mehr geben würde, kam die allgemeine Genugtuung über das Ende der spanischen Bevormundung. Bezeichnend dafür ist, wie man in York die neue Herrscherin feierte: als Königin, «deren Blut weder mit spanischem oder sonst ausländischem Blut vermischt ist, die von rein englischem Geblüt hier mitten unter uns geboren wurde und uns daher von Natur nahe ist»[14].

Am 20. November fand in der großen Halle von Schloß Hatfield die erste Sitzung des Staatsrats statt, die Elisabeth klug und vorsichtig leitete. Von den bisherigen Mitgliedern bestätigte sie nur elf, sieben Peers und vier Bürgerliche, bat aber die anderen, kein Werturteil darin zu sehen, daß sie in Zukunft auf ihren Rat verzichten müsse; der einzige Grund sei, daß nach ihrer Überzeugung die große Mitgliederzahl die Arbeit des Staatsrats zu schwerfällig gemacht habe. Ihre wichtigste Entscheidung war die Ernennung von Sir William Cecil zum Ersten Staatssekretär – Premierminister würden wir heute sagen.

Cecil, damals 38 Jahre alt, war ein versierter Fachmann für Politik und Verwaltung und ein kühler Verstandesmensch. Überzeugter Protestant, hatte er sich gleichwohl unter Marias Herrschaft dem Katholizismus äußerlich angepaßt. Ein zeitgenössischer Historiker sagte von ihm, er sei von allen genialen Männern das größte Arbeitstier und unter allen Praktikern das größte Genie. Zwischen Elisabeth und ihm begann damit eine Partnerschaft, die trotz der Verschiedenheit ihrer Temperamente kaum je getrübt 38 Jahre währte.

Bei der Besetzung der hohen Ämter vergaß Elisabeth ihre alten Freunde nicht. Sir Thomas Parry wurde Schatzmeister der Krone, Kate Ashley Erste Hofdame. Zum Oberhofstallmeister ernannte sie Lord Robert Dudley, einen vollendeten Hofmann von bestechend gutem Aussehen, den sie schon aus ihrer Zeit im Tower kannte und dessen liebende Verehrung sie zeit seines Lebens genoß und mit Zeichen einer oft beanstande-

Krönungsbildnis. Zeitgenössisches Gemälde, G. Stretes zugeschrieben

ten Vertraulichkeit vergalt. Oberzeremonienmeister wurde ihr junger Vetter, der Herzog von Norfolk.

Bei ihrem Einzug in London sechs Tage später wurde sie von den Einwohnern, die die Straßen säumten, mit Jubelrufen begrüßt. Die Krönung war, einer astrologischen Empfehlung folgend, auf den 15. Januar festgelegt worden. Die Nacht zuvor hatte die Königin traditionsgemäß im Tower verbracht. Von dort wurde sie am Morgen zur Westminster-Abtei

William Cecil, späterer Lord Burghley. Zeitgenössisches Gemälde, Marcus Gheeraerts zugeschrieben

geleitet. Der Herzog von Norfolk schritt ihrer Sänfte voran, die mit Goldbrokat ausgeschlagen und von einem Baldachin überspannt war, den vier Ritter trugen. Wenn auch nur wenige der Krönungsfeier beiwohnen konnten, war doch ganz London auf den Beinen, um den mit verschwenderischem Pomp ausgestatteten Zug durch die festlich geschmückten Straßen, an deren Seiten Schaugerüste aufgestellt waren, zu bewundern. Schon dabei bewies Elisabeth ihre später oft geübte Kunst, die Herzen der einfachen Menschen für sich zu gewinnen. Sie ließ immer wieder anhalten, um die Ovationen entgegenzunehmen, zu danken und in kurzen Ansprachen zu versichern, daß sie ihrem Volk immer eine gute Herrscherin sein werde.

Der Krönungsgottesdienst war der letzte, der nach lateinisch-mittelalterlicher Ordnung abgehalten wurde. Die Monarchin saß auf einem Thron vor dem Hochaltar, der Bischof von Carlisle sprach den Krönungseid, salbte sie, setzte ihr die Krone auf und überreichte ihr Zepter und Reichsapfel. Auf die Investitur folgte die Huldigung durch die Großen des Reiches und das Hochamt. Da die neue Liturgie noch nicht festgelegt war, zelebrierte der Bischof die Messe nach katholischem Ritus. Aus Protest dagegen zog sich die Königin während der Wandlung in einen geschlossenen Nebenraum zurück und nahm erst danach wieder ihren Platz vor dem Altar ein.

Am nächsten Nachmittag fand die weltliche Feier, das herkömmliche Krönungsbankett, statt, dessen Lustbarkeiten bis nach Mitternacht andauerten. Nach den düsteren letzten Monaten wurde die neue Ära noch zehn Tage lang mit Festmählern, Schaustellungen, Maskenbällen gefeiert, bis mit der ersten Parlamentssitzung am 25. Januar für Elisabeth die Regierungsarbeit begann.

Die ersten Parlamentsdebatten galten der religiösen Frage. Elisabeth ging es vor allem darum, die konfessionelle Zerrissenheit zu beenden, unter der England seit über zwei Jahrzehnten gelitten hatte. Zwischen Eduards calvinistischer Reform und dem orthodoxen Katholizismus unter Maria suchte sie den mittleren Weg. Auch dabei ging sie umsichtig vor. Hatte sich Heinrich VIII. Oberhaupt der Kirche (supreme head) ge-

Hatfield House

nannt, so begnügte sie sich mit dem Titel eines höchsten Verwalters (supreme governor). Bei ihrem Bestreben, die nationale Einheit auch im kirchlichen Bereich herzustellen, ließ sie sich mehr von politischen Erwägungen, die ihr einen Kompromiß nahelegten, leiten als von doktrinären Prinzipien. Sie vermied alles, was von dem alten, reizbaren Papst Paul IV. als Feindseligkeit empfunden werden konnte. Zwar bestimmte sie, daß der Gottesdienst zum Teil englisch abgehalten werden durfte, untersagte jedoch jede belehrende Predigt, und als später das Verbot gelockert wurde, bestand sie darauf, daß keine theologischen Streitfragen – Spitzfindigkeiten, sagte sie – erörtert wurden. Einen Dekan, der sich bei einer Fastenpredigt am Hofe nicht an diese Weisung hielt, unterbrach sie mit dem lauten Zwischenruf: *Laßt das! Es hat nichts mit Eurem Gegenstand zu tun, und der ist jetzt wirklich erschöpfend behandelt.*[15] Ihre Hoffnung, den Streit um Dogmen, der in Deutschland, Frankreich und den Niederlanden zu Aufständen und Bürgerkriegen führte, zu vermeiden, erfüllte sich freilich nicht völlig.

Kein Wunder, daß sie mit ihrem Kurs der Mitte und Mäßigung bei den Radikalen beider Konfessionen Ärgernis erregte. Von den einen wurde sie als Ketzerin, von den anderen als Papistin verschrien, und von beiden als Feindin des wahren Christentums. Indessen hatte sie nach ihren eigenen Worten keine Neigung, *Fenster in die Herzen der Menschen aufzustoßen*[16], da sie den Glauben für eine höchstpersönliche Sache hielt.

1559 wurde mit der Supremats- und der Uniformitätsakte die Anglikanische Staatskirche gegründet und das Neue Gebetbuch (New Prayer Book) dem Gottesdienst zugrunde gelegt. Vom Katholizismus war manches übernommen worden, zumal im Zeremoniell, so die Meßgewänder der Priester und das Kruzifix auf dem Altar, doch lehnten alle katholischen Bischöfe die Suprematsakte, durch die die Kirche dem Staatsoberhaupt unterstellt wurde, ab. Die Priesterehe wurde erschwert, aber nicht, wie Elisabeth gewünscht hatte, verboten. Das Abendmahlssakrament wurde beibehalten, aber durch einen Zusatz in der Liturgie zu einer Gedächtnisfeier umgewandelt. Alle Bürger waren zu regelmäßigem Besuch des Gottesdienstes, bei dem für die Königin gebetet wurde, verpflichtet, doch wurden Verstöße gegen das Gebot kaum geahndet. – Die Anglikanische Kirche überdauerte die Jahrhunderte, aber die mit ihr erstrebte Einheit von Staat und Kirche war schon zu Beginn des nächsten Jahrzehnts harten Zerreißproben ausgesetzt.

Zunächst jedoch schien das religiöse Problem gelöst, und die Frage der Nachfolge trat in den Vordergrund. Da man als selbstverständlich annahm, Elisabeth werde heiraten und Nachkommen haben, ging es also eigentlich um die Frage, wen sie heiraten und wer der neue König sein würde. Der spanische Gesandte Feria drückte die allgemeine Ansicht aus, wenn er schrieb: «Schließlich hängt alles von dem Gatten ab, den sie

Elisabeth I. Anonymes zeitgenössisches Gemälde

wählt; denn hier gilt nur, was der König will.»[17] Klarer und knapper kann man die Schwierigkeiten nicht verdeutlichen, denen eine junge, unverheiratete Frau auf dem Thron inmitten einer reinen Männergesellschaft gegenüberstand. Selbst Cecil äußerte, nachdem er bereits zwei Jahre gut mit ihr zusammengearbeitet hatte, bei einem besonderen Anlaß: «Eine derart wichtige Angelegenheit ist für den Verstand einer Frau zu schwierig.»[18]

Aber Elisabeth war nicht gewillt, sich die Macht aus den Händen nehmen zu lassen. Der angeblichen männlichen Überlegenheit setzte sie ihre scharfe Intelligenz, ihre Schlagfertigkeit und Willensstärke mit solcher Bestimmtheit entgegen, daß selbst Feria – um den scharfsinnigen Beobachter noch einmal zu zitieren – bald zugeben mußte, die Monarchin werde ungleich mehr gefürchtet als ihre Schwester und sei in ihrem Wesen genauso absolut wie ihr Vater. Dabei verstand sie gerade den Umstand, daß sie eine Frau war, zu ihrem Vorteil zu nutzen. Neben der unbeugsamen Eigenwilligkeit ihres Vaters hatte sie viel von dem bestrickenden Charme ihrer Mutter geerbt und setzte, wenn es ihr nötig schien, ihre Anziehungskraft auf Männer bewußt ein; überdies konnte sie mit ausländischen Diplomaten mühelos in deren Sprachen konferieren.

Das Parlament drängte jedoch von Anfang an auf eine baldige Eheschließung. Als erster bewarb sich Philipp von Spanien um ihre Hand. Elisabeth begründete ihre Absage mit der stolzen Bemerkung, sie sei eine Ketzerin, fügte jedoch hinzu, daß sie seine Freundschaft stets zu schätzen wisse. Das war mehr als eine Höflichkeit. Sie wußte sehr gut, daß England, noch im Krieg mit Frankreich, dazu finanziell zerrüttet und militärisch schwach, auf ein gutes Verhältnis zu Spanien angewiesen war.

Der nächste Bewerber war der älteste Sohn des Königs von Schweden, Erik, der sie mit Liebesbriefen bestürmte und dessen Hartnäckigkeit ihr so lästig wurde, daß sie geradeheraus erklärte, sie habe überhaupt keine Lust zu heiraten. Ernsthafter behandelte sie den Gesandten König Philipps, der seine beiden Neffen, die Erzherzöge Ferdinand und Karl von Österreich, als Ehekandidaten vorschlug. Hier wandte sie ihre beliebte Taktik des Hinhaltens und Hinauszögerns an. Hatte sie ihn so weit gebracht, daß er aufgeben und abreisen wollte, lud sie ihn zum Frühstück ein oder kokettierte mit ihm bei abendlicher Bootsfahrt auf der Themse. Noch von anderen europäischen Höfen gingen sondierende Anfragen in London ein, und offensichtlich gefiel es ihr, daß so viele Fürsten um sie anhielten. Als sie schließlich in einem sehr diplomatisch gehaltenen Schreiben an Kaiser Ferdinand kundgab, sie fühle sich durch die Anträge seiner Söhne sehr geehrt, habe aber zur Zeit keine Heiratsabsichten, schrieb Bischof de Quadra wütend und verzweifelt an seinen Vorgänger Feria: «Euer Gnaden werden erkennen, welch ‹angenehme› Arbeit es ist, mit dieser Frau verhandeln zu müssen, die, wie ich glaube, hunderttausend Teufel im Leibe hat, obwohl sie mir dauernd erzählt, sie würde unendlich gern Nonne, um in einer Zelle ihre Zeit mit Beten zu verbringen ... Alles an ihr ist Falschheit und Eitelkeit.»[19]

Indessen blieb eine unverheiratete Königin für die Welt und zumal für ihre Untertanen schlechthin unmöglich. Das Unterhaus wagte es, ihr eine ergebene Aufforderung zu baldiger Eheschließung zu unterbreiten.

Robert Dudley, Earl of Leicester. Anonymes zeitgenössisches Gemälde

Huldvoll, aber spürbar verärgert, antwortete sie, sie werde, falls sie zu heiraten gedenke, bei der Wahl ihres Ehemanns niemals die nationalen und religiösen Interessen ihres Landes außer acht lassen, wie es leider ihre Schwester Maria getan habe. *Wenn es aber*, fuhr sie in dem ihr eigenen verschachtelten Stil fort, *dem Allmächtigen gefallen sollte, daß ich weiter gesonnen bleibe, außerhalb des Standes der Ehe zu leben, so braucht doch niemand zu befürchten, daß Er mein Herz und Eure Weisheit nicht so beeinflußt, daß mit Seiner Hilfe zu gegebener Zeit Vorsorge getroffen wird, daß das Reich nicht ohne einen zum Herrschen geeigneten Thronerben bleibt, der ihm vielleicht mehr nützen wird als ein von mir geborener Nach-*

Elisabeth I. Elfenbeinminiatur

folger. Denn wenn mir persönlich auch Euer Wohlsein noch so sehr am Herzen liegt und auch in Zukunft immer liegen soll, so könnten doch meine Nachkommen aus der Art schlagen und vielleicht Euch weniger gnädig gesinnt sein. Und schließlich soll es mir genügen, wenn auf einem Marmorstein geschrieben steht, daß eine Königin so und so lange regiert hat und als Jungfrau lebte und starb.[20]

Da sie alle ausländischen Bewerber ablehnte, bemühten sich natürlich auch Engländer von hoher Geburt um ihre Gunst. Einige Verwunderung erregte es am Hofe, daß sie ihren Oberstallmeister Lord Robert Dudley in auffälliger Weise favorisierte. Mit Politik, um die es ja bei den anderen Heiratsplänen in erster Linie gegangen war, konnte das nichts zu tun haben, denn Dudley war verheiratet. Bald schwirrte es von Gerüchten, er habe das Herz der Königin erobert, und sie besuche ihn bei Tag und Nacht in seinem Zimmer. Zu solchem Gerede trug sicher der Neid der Höflinge auf den so sichtlich bevorzugten Rivalen bei, der außerdem durch seine Vergangenheit in denkbar schlechtem Rufe stand.

Dudleys Herkunft war in der Tat bedenklich genug. Sein Großvater und sein Vater, der Herzog von Northumberland, hatten auf dem Schafott geendet, jener unter Heinrich VIII., dieser unter Maria. Er selbst war wegen Hochverrats zum Tode verurteilt, dann aber begnadigt worden und hatte sich im Krieg gegen Frankreich ausgezeichnet. Er war eine auffallend attraktive Erscheinung, groß und tadellos gewachsen, sehr männlich im Auftreten, gebildet und ein glänzender Turnierreiter. Er galt als gewalttätig und als Wüstling, aber er verstand es vortrefflich, mit Elisabeth umzugehen. Er paßte sich ihren Launen an, traf stets den rechten Ton, spürte, wann sie als Frau und wann als Königin behandelt sein wollte, und unterhielt sie durch seinen Witz und seine einfallsreiche Konversation so geschickt, daß sie bald auf seine Gesellschaft nicht mehr verzichten mochte. Seine stattliche Männlichkeit, seine intellektuelle Beweglichkeit und seine vollendeten Manieren bezauberten die liebebedürftige junge Frau, und er genoß mehr noch als seine hochdotierte Stellung die Auszeichnung, die ihm durch die Huld der Königin zuteil wurde.

Ob man von Liebe zwischen den beiden sprechen kann, ist eine schwierige Frage, ganz abgesehen von der Vieldeutigkeit des Wortes und dem Zweifel, ob zum Verständnis für Menschen des 16. Jahrhunderts die Psychologie unserer Tage überhaupt taugt. Die von den meisten ihrer Biographen gehegte Annahme einer rein platonischen Beziehung ist bei der starken physischen Attraktion, die zweifellos im Spiel war und durch geistige Verwandtschaft ergänzt wurde, sehr unwahrscheinlich. Noch viel weniger glaubwürdig ist allerdings die gegenteilige Meinung, die in der Erfindung der Klatschmäuler am Hofe gipfelte, die Königin erwarte ein Kind von Lord Dudley. Will man sich nicht mit einem einfachen «ignorabimus» (wir werden es nicht wissen) begnügen, sich aber noch weniger auf unbeweisbare medizinische Vermutungen einlassen, so sprechen viele Anzeichen dafür, daß Elisabeth durch eine psychische Sperre immer wieder gehindert worden ist, sich gänzlich aus der Hand zu geben und sich einem Mann zu unterwerfen. Den Spielraum, der erotischer Phantasie danach offenbleibt, gedenken wir nicht zu betreten, wollen uns vielmehr daran halten, was die Zeitgenossen über die äußere Erscheinung der Königin zu dieser Zeit berichtet haben.

Elisabeth war keine Schönheit im landläufigen Sinn, aber sie konnte offenbar viele Männer faszinieren und empfand dabei nicht nur die sinnliche Lockung, sondern auch den Triumph einer Selbstbestätigung. Das blendende Weiß ihrer Haut, durch das sie schon als Kind aufgefallen war, hatte nichts von seinem Reiz verloren. Die rotblonden Locken umrahmten das schmale Gesicht und unterstrichen dessen leuchtende Blässe. Daß der oft gerühmte Zauber ihrer dunklen Augen durch ihre Kurzsichtigkeit und die dadurch stark vergrößerten Pupillen hervorgerufen wurde, bemerkte nur ihr Leibarzt. Sehr stolz war sie auf ihre ungemein grazilen Hände, deren Spiel sie gern zur Geltung brachte.

Im Sommer des Jahres verbrachte sie mit Robert Dudley wochenlang ganze Tage gemeinsam. Von Staatsgeschäften war dabei so wenig die Rede, daß ihr «Premierminister» Cecil mit seinem Rücktritt drohte. Als ihre Vertrauten sie anflehten, den ehrenrührigen Gerüchten, die bereits im ganzen Land umliefen, ein Ende zu bereiten, entgegnete sie heftig: *Wenn ich je die Absicht zu einem so unehrenhaften Leben gehabt oder Freude an ihm gefunden hätte – wovor Gott mich behüten möge! – ich wüßte keinen, der es mir verbieten könnte.*[21]

Zum offenen Skandal kam es im Herbst des nächsten Jahres, als Dudleys Frau, Amy Robsart, mit gebrochenem Genick am Fuß der Treppe ihres Hauses gefunden wurde. Mord, Selbstmord, Unfall? Dudleys Feinde und Neider zögerten nicht, von einem Verbrechen zu sprechen. Maria Stuart, seit 1561 Regentin von Schottland, spottete: «Die Königin von England wird ihren Stallknecht heiraten, der seine Frau getötet hat, um sie aus dem Wege zu räumen», und der englische Botschafter in Paris schrieb an Cecil: «Ich wage nicht mehr, mich zu zeigen, und weiß nicht, was für eine Miene ich aufsetzen soll.»[22] Elisabeth, die von der Unschuld ihres Freundes überzeugt war, befahl ihm, dem Hofe so lange fern zu bleiben, bis die Leichenschaukommission ihr Ergebnis vorgelegt hatte. Es lautete auf Tod durch Unfall, da nachweislich niemand im Haus gewesen war, als Lady Dudley starb. – Einleuchtend ist die Erklärung der modernen Medizin, daß Brustkrebs, an dem die Verunglückte litt, im vorgeschrittenen Stadium zu Wirbelsäulenfraktur führen kann.

Nach einiger Zeit durfte Dudley an den Hof zurückkehren, und die Königin erwies ihm wieder so offensichtliche Zeichen ihrer Zuneigung, daß die Fama, sie werde ihn heiraten, nicht nur in ihrer Umgebung, sondern auch im Ausland nicht verstummen wollte. Aber Elisabeth verkannte nicht, daß ihr Günstling durch das fatale Ende seiner Frau moralisch ins Zwielicht geraten war. Ihr Verhalten zu ihm war seitdem starken Schwankungen unterworfen und führte sie nicht selten zu krassen Widersprüchen. Ihr leidenschaftliches Gefühl lag offenbar im Kampf mit der kalten Stimme ihrer Vernunft. Zweimal erwog sie die Erhebung Dudleys zum Peer; das erste Mal zerriß sie die schon ausgefertigte Urkunde, beim nächstenmal lehnte sie die Ernennung mit der Begründung ab, ein Haus, das in drei Generationen Hochverräter aufzuweisen habe, verdiene diesen Titel nicht. Dann wieder schlug ihre Stimmung um, sie tätschelte ihrem «süßen Robin» die Wange und tröstete ihn: *Nein, nein, so leicht sollst du mir nicht gestürzt werden.*[23] Im Sommer 1561 veranstaltete Lord Robert ihr zu Ehren eine Lustfahrt auf der Themse und sagte zu Bischof de Quadra, den sie in ihre Barke gebeten hatte, er könne sie ja gleich trauen, worauf sie den Scherz mit den Worten zurückwies, dafür könne der Herr Gesandte wohl nicht genug Englisch.

Wieviel ihr die Freundschaft mit Dudley bedeutet haben muß, geht aus der Tatsache hervor, daß er unter all ihren Favoriten, die sie manchmal mit spielerischer Flatterhaftigkeit wechselte, der einzige war, dem sie zeit ihres Lebens, fast dreißig Jahre lang, von Herzen zugetan war und den sie nie fallenließ. Er war wohl auch der einzige, den zu heiraten sie vorübergehend ernsthaft erwogen hat. Was sie davon abhielt war neben ihrer chronischen Ehescheu die klare politische Vernunft, die Gewißheit, daß sie mit einem solchen Schritt ihre Beliebtheit und Volkstümlichkeit, auf die sie so großen Wert legte, einbüßen und die Einheit der Nation gefährden würde.

Außenpolitischer Erfolg im Kampf um Schottland

Die ungelöste Frage der Nachfolge, die seit Elisabeths Regierungsantritt nicht verstummt war, spitzte sich akut zu, als sie im November 1562 an Pocken erkrankte und tagelang in Lebensgefahr schwebte. Auf dem Höhepunkt der Krise verfügte sie, daß im Falle ihres Todes Lord Robert Dudley Reichsprotektor werden sollte. Aber es gab andere Anwärter, die ihr besser begründetes Recht auf die Thronfolge schon früher geltend gemacht hatten, was sie in den Augen der Königin zu Hochverrätern stempelte. Die zwei Prätendenten aus dem Hause Stuart leiteten ihren Anspruch aus der Abkunft von Königin Margarete von Schottland, der ältesten Schwester Heinrichs VIII., ab, während sich Catherine und Mary Grey aus der protestantischen Suffolk-Linie darauf beriefen, daß sie aus der Ehe der jüngeren Schwester Heinrichs VIII. mit dem Herzog von Suffolk stammten; ihre ältere Schwester Jane war, wie bereits erwähnt, 1554 hingerichtet worden. Die meisten Anhänger und damit die besten Aussichten hatte Maria Stuart, und auf das Ergebnis ihrer Ambitionen wollen wir uns beschränken.

Maria Stuart war das einzige Kind aus der Ehe Jakobs V. von Schottland mit Maria von Guise und hatte mit siebzehn Jahren den jungen, schwächlichen Dauphin geheiratet, der dann unter der Vormundschaft seiner beiden Onkel anderthalb Jahre lang als Franz II. König von Frankreich war. Nach seinem Tod, er starb schon Ende 1560, übernahm Marias Stiefmutter, die mit ihr verfeindete Katharina von Medici, für den minderjährigen Karl IX. die Regierung. Ungern entschloß sich daraufhin die junge Witwe, Frankreich, das sie liebte, zu verlassen und in das ihr fremdgewordene Königreich Schottland, in dem sie seit ihrer frühen Kindheit nicht mehr gewesen war, zurückzukehren. Durch England zu reisen wurde ihr verwehrt, weil sie den Vertrag von Edinburgh, auf den wir gleich zu sprechen kommen, nicht anerkennen wollte. Die Beleidigung, als die sie die Verweigerung freien Geleits empfand, hat Maria ihrer Kusine Elisabeth nie verziehen. Diese war ihrerseits darüber aufgebracht, daß die Schottenkönigin sich rechtmäßige Königin auch von England nannte und offen das englische Wappen führte. Als «Krieg der Insignien» hat man danach den Konflikt der beiden Herrscherinnen, der sich daran entzündete, bezeichnet.

In der Zeit, als Maria Stuart noch in Frankreich war, hatte ihre Mutter Maria von Guise die Regentschaft in Schottland übernommen. Gegen ihre katholisch und französisch ausgerichtete Politik hatten sich der nationalgesinnte schottische Adel und die protestantische Geistlichkeit aufgelehnt und die sogenannte «Kongregation» gebildet. Ihr Hilfeersuchen setzte Elisabeth in eine schwierige Lage. So sehr sie daran interessiert war, die Macht der katholischen Kirche und der Familie Guise in Schottland zu schwächen, lief sie doch Gefahr, durch eine offene Unterstützung der Aufständischen ein militärisches Eingreifen Frankreichs in Schottland herbeizuführen. So wahrte sie den Schein, verhielt sich äußerlich korrekt, insgeheim aber, wie aus chiffrierten Depeschen Cecils an die Rebellen hervorgeht, schürte sie das Feuer auf jede nur mögliche Weise – ein Verfahren, das sie glänzend beherrschte. «Je größer die Schwierigkeiten wurden, desto verwegener log sie.»[24]

Als die Regentin Maria von Guise Beschwerden gegen englische Aktionen an der Grenze erhob, erwiderte Elisabeth, es sei vielleicht möglich, daß sich einige Narren unter ihren Untertanen unklug verhalten hätten. In diesem Fall werde sie die Schuldigen bestrafen, sie könne sich aber nur wundern, daß man ihr die Unterstützung eines so törichten Unternehmens zutraue. Eine weitere Beschwerde Ende September hörte sie lächelnd an und bat, der Regentin zu versichern, alles, was sie höre, sei nur böswilliges Geschwätz. Diesmal schenkte der Gesandte ihren Worten keinen Glauben und meldete an seinen Hof: «In ihr ist mehr Verstellung als Ehrlichkeit und gute Absicht. Sie vor allem hat die Hand im Spiel.»[25]

Das Doppelspiel konnte auf die Dauer nicht durchgehalten werden, zumal die Truppen der Kongregation so schwere Niederlagen erlitten, daß sie sich ohne entschiedene Hilfe von England nicht lange mehr hätten behaupten können. Cecil forderte jetzt den offenen Krieg gegen die schottische Regentin. Da das ziemlich gleichbedeutend mit Krieg gegen Frankreich war, kam es im Staatsrat zu einer Debatte, die tagelang gedauert haben soll. Am heftigsten widersprach Cecils Schwiegersohn, der Großsiegelbewahrer Sir Nicholas Bacon, dem Unternehmen: das Land sei verschuldet, die Streitkräfte seien nicht ausreichend, um die Franzosen aus Schottland zu vertreiben, auch sei die Bevölkerung gegen einen Eroberungskrieg, der sich gegen eine legitime Herrscherin richte. Schließlich solle man nicht vergessen, daß Frankreich viermal so groß sei wie England und viermal soviel Geld und Menschen habe. Zudem sei es mit den meisten Fürsten Europas verbündet, von denen sich Philipp II. gewiß auf die Seite des katholischen Frankreich stellen werde.

Cecil zeigte sich von all diesen Argumenten unbeeindruckt und plädierte weiterhin dafür, loszuschlagen, bevor es zu spät sei. Elisabeth stimmte ihm im Prinzip zu, behielt sich aber die letzte Entscheidung vor. Ihre unentschiedene Haltung entsprang nicht weiblicher Schwäche, sondern ihrer genial gehandhabten Taktik des Hinhaltens. Ende 1559 drang Sir Wil-

Franz II., König von Frankreich

liam Winter mit einer Flotte in den Firth of Forth ein und blockierte den französischen Nachschub. Dem Herold der Regentin erklärte er weisungsgemäß, so unglaubhaft das auch klingen mußte, daß er eigenmächtig und nicht auf Befehl der Königin handle. Im Mai marschierte der Herzog von Norfolk mit 4000 Fußsoldaten und 1000 Berittenen in Schottland ein, hatte aber bei weiterem Vordringen geringe Erfolge und schwere Verluste.

Dann aber traten Ereignisse ein, durch die sich die politische Lage gründlich veränderte: die Franzosen verloren durch einen Sturm fast ihre gesamte Flotte; Maria von Guise lag im Sterben, und die Gefahr einer Intervention von seiten Philipps war gebannt, nachdem die spanischen Truppen vor Tripolis eine vernichtende Niederlage erlitten hatten. In dieser Situation erwies sich die zögernde Politik Elisabeths, mit der sie so lange für Verwirrung gesorgt hatte, als glücklich. Schottland, dem man ja

Maria Stuart. Zeitgenössisches Gemälde, Quesnel zugeschrieben

nie den Krieg erklärt hatte, zeigte sich verhandlungsbereit. Cecil mußte, wenn auch zunächst unwillig, die nach Edinburgh entsandte Delegation leiten. Seinem Verhandlungsgeschick gelang es, am 6. Juli 1560 einen Vertrag abzuschließen, in dem Elisabeths Recht auf den Thron anerkannt und Maria Stuart die Führung des englischen Wappens und Titels verboten wurde. Die französischen Truppen mußten bis auf einen kleinen Rest das Land verlassen, so daß die Allianz zwischen Schottland und Frankreich gesprengt war. Die Regierung wurde einem aus schottischen Adligen gebildeten Staatsrat übertragen.

Der große Gewinn, den das für England bedeutete, hob Elisabeths Ansehen, auch im Ausland, gewaltig. Sie triumphierte mit Recht, wenn man auch das Verdienst Cecils, der sich nicht angemessen gewürdigt fand, nicht übersehen darf. Obwohl die Unterschiede im Naturell der Königin und ihres Premiers in dieser Periode vorübergehend Gegensätze in der

Thomas Howard, Herzog von Norfolk. Gemälde von Hans Eworth

Beurteilung der Lage und der politischen Folgerungen daraus hervorbrachten, hatte schließlich das, im Grunde unerschütterte, Bündnis zwischen ihnen zum Erfolg geführt. Allerdings hatte der mit ausländischen Krediten finanzierte Krieg dem Land eine riesige Schuldenlast aufgebürdet. In der Erkenntnis, daß sie zahlungsfähig bleiben mußte, griff Elisabeth zu drastischen Sparmaßnahmen im öffentlichen Haushalt. Auch späterhin fügte sie sich bei der Verwaltung der Staatsfinanzen stets der Notwendigkeit äußerster Sparsamkeit, unbeirrt von dem Ruf grenzenlosen Geizes, der ihr zeitlebens anhing.

In Schottland, das nun fest mit England verbunden war, führten die siegreichen Aufständischen radikale Änderungen der Verfassung durch. Das Land sagte sich vom Papst los und nahm ein protestantisches Glaubensbekenntnis an. Das Lesen der Messe wurde strikt untersagt und bei wiederholtem Verstoß gegen das Verbot mit dem Tode bestraft. Bei ihrer Ankunft in Schottland sah sich Maria Stuart einer ihr feindlichen religiösen und politischen Herrschaft gegenüber.

Maria, Königin der Schotten

Sie landete am 19. August 1561 in Leith. Fünf Tage später, an einem Sonntag, ließ sie in ihrer Kapelle die Messe lesen. Die Empörung gegen die «Götzendienerei» ebbte bald ab, da Maria unter dem Einfluß ihres anglophilen Staatssekretärs Maitland von Lethington sich politisch sehr gemäßigt verhielt. Trotz der zwischen ihnen bestehenden staatsrechtlichen Differenzen traf sie sich mit Elisabeth in dem Bestreben, zu einer gütlichen Einigung zu kommen. In den Briefen, die die beiden Königinnen in der nächsten Zeit wechselten, befleißigten sie sich eines fast zärtlichen Tones. An Welterfahrung war die Neunzehnjährige ihrer neun Jahre älteren Kusine überlegen, auch im Umgang mit Männern, die sich zumeist dem starken erotischen Reiz, den die hochgewachsene dunkeläugige Schöne ausstrahlte, nicht entziehen konnten und für deren Liebesbezeigungen sie leichter zugänglich war als ihre spröde, immer noch ledige königliche Nachbarin. Aber im Unterschied zu dieser ließ sie sich, wenn es ihr auch nicht an Klugheit mangelte, zu sehr von Gefühlen leiten, sie legte es darauf an, zu gefallen, reagierte oft unbeherrscht und weinte sehr leicht.

Obwohl sie offiziell nicht auf den englischen Thron verzichtet hatte, sandte sie Maitland als Sonderbotschafter nach London, wo er von Elisabeth ausnehmend freundlich empfangen wurde. Er trug ihr den Wunsch seiner Königin vor, als englische Thronfolgerin anerkannt zu werden. Elisabeth erwiderte, sie sei ja noch nicht tot, aber grundsätzlich habe sie gegen diesen Anspruch nichts einzuwenden, nur müsse Maria zuvor den Vertrag von Edinburgh anerkennen, und außerdem sei die religiöse Frage zu bedenken. So blieb also alles unentschieden. Jedoch nahm Maitland den Eindruck mit, daß Elisabeth zuvorkommend und an wohlwollender Neutralität ehrlich interessiert sei. Sie hatte Maria ausrichten lassen, eine so wichtige Angelegenheit könne nicht durch Vermittler geregelt werden, sondern nur in einer persönlichen Aussprache.

Dazu sollte es nicht kommen. In Frankreich war zwischen den Katholiken und den Hugenotten erneut der Bürgerkrieg ausgebrochen. Cecil und der gesamte Staatsrat drängten Elisabeth, die, realistisch denkend, sich nach den Belastungen durch den schottischen Krieg vor neuen finanziellen Opfern scheute, den Führer der Hugenotten, den Prinzen von

Condé, nicht im Stich zu lassen. Sie stellten ihr die Gefahr, daß sich eine Liga der katholischen Fürsten Europas zu einem Angriff auf das protestantische England verbünden könnte, so eindringlich vor, daß sie schließlich einwilligte, in Frankreich einzugreifen. Maria weinte, als sie Elisabeths Mitteilung erhielt, die geplante Begegnung müsse auf den nächsten Sommer verschoben werden.

Die Einmischung Englands in den französischen Religionskrieg erwies sich als ein verfehltes militärisches Abenteuer. Das Expeditionskorps besetzte Le Havre und hätte sich dort wohl halten können, wenn nicht die Pest unter der Besatzung aufgetreten wäre, an der täglich Hunderte erkrankten und jede Woche fünfhundert starben. Obwohl Verstärkungen eintrafen, war das Heer so dezimiert, daß Le Havre übergeben werden mußte. Der Friedensschluß vom März 1563 brachte für England auch den endgültigen Verlust von Calais mit sich, auf dessen Wiedereroberung man es mehr abgesehen hatte als auf Hilfe für die Hugenotten. Nicht genug damit, die Pest wurde nach England eingeschleppt, wo ihr in den nächsten Jahrzehnten zumal in der Sommerzeit Unzählige zum Opfer fielen.

Als unter dem Eindruck des unglücklich verlaufenden Krieges im Januar das zweite Parlament unter Elisabeths Regierung zusammentrat, stand zwar die Finanzierung des militärischen Unternehmens auf der Tagesordnung, aber die Versammlung benutzte die Gelegenheit, um wieder einmal die Frage der Thronfolge und einer Heirat der Königin aufzuwerfen. Daß die Lords dabei gemeinsam mit dem Unterhaus vorgingen, erregte Elisabeths Zorn. Mit Bitterkeit empfing sie die Abordnung des Unterhauses und sagte, die Spuren auf ihrem Gesicht seien Pockennarben und noch keine Runzeln. Wenn die Zeit gekommen sei, könne Gott ihr Kinder schenken wie der heiligen Elisabeth. *Ich gebe Euch allen die Versicherung, daß, wenn Ihr auch nach meinem Tode vielleicht noch viele Stiefmütter haben werdet, Ihr doch nie eine bessere Mutter haben sollt, als ich Euch allen sein will.*[26]

Vor dem Oberhaus ließ sie eine Rede verlesen, in der sie ihre Kunst, sich in unbestimmten, dunklen Wendungen zu ergehen, virtuos spielen ließ. Eine Antwort jedenfalls auf die ihr gestellte Frage gab der abschließende Satz nicht. Er lautete: *Ich hoffe, mit den Worten «Nunc dimittis»* einmal ruhig zu sterben, aber das kann ich nur, wenn mir die Hoffnung bleibt, daß Ihr in Sicherheit weiterlebt, nachdem mein Leib ins Grab gesunken ist.*[27]

Während des Krieges hatte sich Maria in jeder Weise neutral verhalten, insbesondere auch nichts getan, um das alte Bündnis mit Frankreich wieder aufzunehmen. Aber ihre katholisch orientierte Politik, an der sie festhielt, rief in England wachsendes Mißtrauen hervor, als bekannt wurde,

* Die Anfangsworte von Lukas 2,25: Nun entläßt Du, Herr, Deinen Knecht in Frieden.

Robert Dudley,
Earl of Leicester

Maria denke daran, Philipps Sohn Don Carlos zu heiraten, über dessen körperlich und geistig jämmerlichen Zustand sie wohl nicht unterrichtet war. Ein katholischer Fürst an der Seite Marias, die den Vertrag von Edinburgh immer noch nicht ratifiziert hatte, und eine Verbindung Schottlands mit der Weltmacht Spanien – diese Vorstellung mußte Elisabeth aufs höchste beunruhigen. Für sie wäre es das Ideale gewesen, Maria hätte einen englischen Edelmann geheiratet, auf den sie und England sich unbedingt verlassen konnten. So kam ihr der staatsmännisch kluge, aber, wie ihr Biograph John E. Neale bemerkt, komödienreife Einfall, Maria solle Lord Dudley heiraten. Ihn selbst zu heiraten, diesen Gedanken, wenn sie ihn je erwogen, hatte sie demnach aufgegeben. Durch ihren Gesandten Randolph ließ sie am schottischen Hof vorfühlen, wie Maria zu dem Plan stehe. Zugleich schlug sie ihr vor, es endlich zu der mehrfach gescheiterten Begegnung kommen zu lassen. Maria lehnte ab.

Um die dadurch kühler gewordenen Beziehungen wieder zu beleben, schickte sie Sir Robert Melville, einen gewandten Diplomaten, von dem sie wußte, daß Elisabeth ihn mochte, nach London. Elisabeth benutzte seine Anwesenheit, um Robert Dudley mit großem Zeremoniell zum Grafen von Leicester zu ernennen. Dabei fragte sie den Schotten, wie ihm Leicester gefalle, worauf dieser nur mit einem höflichen Kompliment antwortete. Offenbar legte es die Königin darauf an, ihn für sich und ihre Absichten einzunehmen. Während der neun Tage, die er am Hofe verbrachte, ließ sie ihn täglich, oft dreimal, zu sich kommen und zeigte sich jedesmal in einem anderen Kleid. Der weltgewandte Höfling erfreute sie mit der Bemerkung, der italienische Stil passe besonders gut zu ihrem goldenen Haar. Er war auch schlagfertig genug, um auf Elisabeths Frage, wer schöner sei, sie oder Maria, zu antworten, sie sei die schönste Frau in England, Maria die schönste in Schottland. Nachdem er zugegeben hatte, daß sie den helleren Teint habe als die dunklere Maria, wollte Elisabeth wissen, wer größer sei. Auf die Antwort, das sei Maria, entgegnete Elisabeth: *Dann ist sie übergroß.* Am letzten Tag gab sie ihm Gelegenheit, sie Spinett spielen zu hören und tanzen zu sehen, und war befriedigt, als er ihr einräumte, seine Herrin tanze nicht so gut und majestätisch. Daß Melville mit dem Eindruck schied, Elisabeth sei eifersüchtig auf Maria, ist verständlich.

Was Elisabeth nicht ahnte war ein geheimer Zweck von Melvilles Mission. Er sollte sich über den jungen Vetter Marias, Henry Stuart, Lord Darnley, ein Urteil bilden, den sie inzwischen als möglichen Ehepartner ins Auge gefaßt hatte. Darnley stammte mütterlicherseits von den Tudors ab, war also königlichen Geblüts. Durch eine Heirat mit ihm konnte sich Maria, für die Leicester ein Emporkömmling und abgelegter Liebhaber Elisabeths war, eine Stärkung ihres Anspruchs auf den englischen Thron versprechen. Außerdem sicherte ihre Mutter, die ehrgeizige Gräfin Lennox, ihr für diesen Fall die Gefolgschaft der schottischen und englischen Katholiken zu. Der Graf von Lennox, Darnleys Vater, war unter Heinrich VIII. zum Tode verurteilt, dann begnadigt worden und lebte seitdem als Verbannter in England. Noch vor Melvilles Besuch in London hatte ihm Elisabeth nichts ahnend die Rückkehr in seine schottische Heimat, wo er große Güter besaß, erlaubt. Mitte Dezember bat Maria, den jungen Darnley zum Besuch seines Vaters nach Schottland reisen zu lassen. Elisabeth gab ihre Genehmigung erst, als die Gräfin Lennox ihr versicherte, ihr Sohn werde in wenigen Wochen zurückkehren.

Darnley traf Mitte Februar in Edinburgh ein, und bald darauf gelang-

Elisabeth I. 1592, gemalt von Marcus Gheeraerts. Die Königin steht auf der Landkarte Englands

Maria Stuart und Lord Darnley

ten die ersten Gerüchte über eine geplante Ehe zwischen ihm und Maria an den englischen Hof. Daraufhin ließ Elisabeth der schottischen Königin die ultimative Aufforderung zukommen, Leicester zu heiraten, verbunden mit der Zusage einer dann folgenden wohlwollenden Prüfung ihres Anspruchs auf die Nachfolge. Marias Antwort war die Anweisung an ihren Botschafter Maitland, Elisabeths Einwilligung in ihre Eheschließung mit Darnley einzuholen. Diese machte einen letzten Versuch, ihre Kusine vor den Folgen eines solchen Schritts zu warnen. Sie rief den Staatsrat zusammen und sandte folgende Deklaration nach Schottland: *Da die Königin die beabsichtigte Heirat mit Lord Darnley unverständlich findet, hat sie diese einigen Mitgliedern ihres Staatsrats unterbreitet, die einstimmig erklärt haben, sie sei unpassend und der aufrichtigen Freundschaft zwischen beiden Königinnen durchaus abträglich. Sie möchten Königin Maria deshalb vorschlagen, sich aus dem Adel des ganzen Königreichs oder auch außerhalb einen anderen Gatten zu wählen.*[28]

Es war vergeblich. Maria hatte sich in ihren jungen, großgewachsenen Vetter mit den langen, schlanken Beinen und dem bartlosen Mädchengesicht verliebt, und bei ihrem Temperament bedeutete das mindestens so viel wie die politischen Vorteile, die sie sich von der Verbindung mit ihm erhoffte. Daß sie damit nicht mehr mit der Freundschaft ihrer «zärtlichen Schwester» rechnen konnte, nahm sie hin. Sie war längst der Abhängigkeit von England überdrüssig geworden und regierte mit stärkerem Selbstbewußtsein als früher. Am Tag, bevor ein Abgesandter Elisabeths bei ihr eintraf, um ihr die Wahl jedes anderen Engländers außer Darnley freizustellen, ernannte sie diesen zum Grafen von Ross. Der Affront gegen Elisabeth wurde zur Herausforderung, als der neuernannte Graf, der englischer Untertan und der englischen Königin lehnspflichtig war, den Lehnseid als schottischer Peer ablegte. In ihrer Wut ließ Elisabeth die Gräfin Lennox in den Tower bringen.

Darnley, dem seine angestammte Herrscherin vergeblich befohlen hatte, an den englischen Hof zurückzukehren, wurde am 28. Juli 1565 zum König von Schottland proklamiert, und am nächsten Tag heiratete ihn Maria. Sie hatte ihre Gegnerin übertrumpft, und daß sie die Zustimmung Frankreichs, Spaniens und des Papstes zu ihrer Ehe erlangte, war der Beginn einer weitreichenden katholischen Bewegung gegen England.

Schwierigkeiten mit dem Parlament: Die Heiratsfrage wieder im Mittelpunkt

Am 19. Juli 1566 gebar Maria Stuart einen Sohn. Als Elisabeth die Nachricht erhielt, soll sie, einer recht unglaubwürdigen Anekdote zufolge, geklagt haben: *Die Königin von Schottland hat einem Sohn das Leben geschenkt, ich aber bin wie ein verdorrter Ast.*[29] Wie immer sie in Wirklichkeit reagiert haben mag, für die Nation war es ein erneuter Anlaß, die Königin zu einer Heirat zu bewegen. Von den früheren Bewerbern war Erzherzog Karl die politisch beste Partie. Die Verhandlungen mit dem österreichischen Kaiserhaus waren schon seit längerem wieder aufgenommen worden. Man war sich nicht einig darüber, ob die erzherzogliche Hofhaltung von Österreich oder von England bestritten werden sollte und in welcher Form die Glaubensverschiedenheit überbrückt werden könnte. Staatssekretär Cecil, der immer noch die Eheschließung mit Leicester befürchtete, nahm in einem Aide-Mémoire scharf gegen den «verschuldeten Störenfried», wie er ihn nannte, Stellung und unterstrich die Vorteile einer Verbindung mit dem Haus Habsburg, durch die England an Ansehen gewinnen und aus der europäischen Isolation, in die es geraten war, befreit würde. Leicester seinerseits intrigierte gegen die Heirat mit dem Habsburger und fand dabei die Unterstützung des französischen Gesandten, der eine englisch-kaiserliche Allianz vereiteln sollte.

Zwischen Elisabeth und Leicester war es damals zu ernstlichen Verstimmungen gekommen. Der Graf hatte, um die Königin eifersüchtig zu machen, einen Flirt mit einer der hübschesten Frauen des Hofes, der Vicomtesse Hereford, begonnen, und das Spiel hatte ernsthaftere Formen angenommen. Nach einem heftigen Streit schrie Elisabeth vor allen Höflingen Leicester an: *Wenn Ihr glaubt, hier regieren zu können, werde ich dafür sorgen, daß Ihr hier wegkommt. Hier gibt es nur eine Herrin und keinen Herrn.*[30]

1566 trat das Parlament zusammen, um über neue Steuern zu beraten. Natürlich wurde sofort die Frage der Nachfolge wieder aufgeworfen. In einer erregten Sitzung – so verlautete gerüchtweise – soll die Bewilligung der finanziellen Forderungen davon abhängig gemacht worden sein, daß die Königin endlich heirate. Schon Jahre zuvor hatte der Dechant der St. Pauls-Kathedrale in einer Predigt vor der Königin gesagt, die Sicherheit des Reiches verlange, daß sie eine Eheschließung nicht länger hinaus-

Erzherzog Karl von Österreich,
der Bruder von Kaiser Maximilian II.

schiebe, denn so tugendhaft die Jungfräulichkeit sei, für eine Herrscherin sei sie unangemessen. «Wenn Eure Eltern», fragte der beherzte Kleriker, «Eures Sinnes gewesen wären, wo wärt Ihr denn heute?»[31] Jetzt brachten beide Häuser eine Petition ein, in der auf die Gefahr hingewiesen wurde, die dem Reich drohe, wenn es im Falle ihres Todes ohne geregelte Nachfolge sei.

Elisabeth ließ eine Antwortrede verlesen, in der Cecil die schärfsten Stellen gemildert hatte, und in der es hieß: *Was mich betrifft, so mache ich mir nichts aus dem Tod, denn alle Menschen müssen sterben, und wenn ich auch nur eine Frau bin, so ist mein Mut, wie es meiner hohen Stellung ziemt, ebenso groß, wie nur je der Mut meines Vaters war. Ich bin Eure gesalbte Königin. Ich werde mich nie zu etwas zwingen lassen. Ich preise Gott, daß ich solche Eigenschaften besitze, dank deren ich, sollte ich im Unterrock aus dem Reiche vertrieben werden, doch überall in der Christenheit leben kann.*[32]

Zugleich verbot sie jede weitere Debatte über den Antrag des Parlaments, das daraufhin auch die Diskussion über die Bewilligung weiterer Geldmittel vertagte. Eine Abordnung des Oberhauses, die zu ihr geschickt wurde, empfing sie wütend: *Meine Lords, tut, was Ihr wollt. Ich für mein Teil werde ebenfalls das tun, was ich will. Eure Gesetze haben ohne meine Zustimmung und Bestätigung keine Gesetzeskraft.*[33] Aber sie wußte, wie weit sie gehen konnte. Eine weitere Delegation des Parlaments empfing sie mit einer sorgfältig vorbereiteten Ansprache. Darin versicherte sie, wie besorgt sie ständig um das Wohl ihres Landes sei. Sie werde auch heiraten, sobald es ihr möglich sei, und hoffe auch, Kinder zu bekommen, sonst würde sie nie heiraten. Ihre außerordentliche Begabung, Politik als Kunst des Möglichen zu betreiben, bewies sie, indem sie ihr Veto gegen eine freie Aussprache im Parlament aufhob und zudem erklärte, daß sie auf ein Drittel der geforderten Gelder verzichten wolle. Das tat seine Wirkung, der ermäßigte Steuerbetrag wurde bewilligt, allerdings unter der ausdrücklichen Bedingung, daß die Königin zu einem geeigneten Zeitpunkt heiraten werde.

Ihr Versprechen zwang sie, die Verhandlungen mit den Habsburgern wieder in Gang zu bringen. Graf Sussex wurde nach Wien geschickt mit einem Bild der Königin und der Einladung an Erzherzog Karl, zu einem privaten Besuch, inkognito, nach England zu kommen. Dazu kam es nicht, weil seine Forderung, dort in eigener Kapelle vor eigenen Priestern die Messe zu hören, von den überzeugten Anglikanern als Wiederaufleben des «papistischen Götzendienstes» betrachtet und abgelehnt wurde. Zwischen den präsumtiven Ehepartnern wurden noch viele Botschaften gewechselt, in denen Karl seine liebende Bewunderung für Elisabeth beteuerte. Das jahrelange diplomatische Hinundher endete erst, als vier Jahre später der Österreicher seine Nichte, die Herzogin von Bayern, heiratete. Statt ihre Erleichterung einzugestehen, gab Elisabeth vor, es als beleidigende Abweisung zu empfinden, daß ihr, der Königin, eine bloße Herzogin vorgezogen werde.

Leicester hatte in den letzten Jahren sich durch seine offensichtlich wieder erwachten Hoffnungen, doch noch der Gemahl der Königin zu werden, die offene Feindschaft des Herzogs von Norfolk und dessen Schwagers, Graf Sussex und die versteckte Gegnerschaft Cecils zugezogen. Diese hatten auf das Zustandekommen der Habsburger Heirat hingearbeitet; außerdem war für sie und ihren Einfluß am Hofe die Aussicht auf Leicester als König denkbar unerwünscht. Zwischen Leicester und Sussex, der die Ambitionen des Emporkömmlings ebenso fürchtete wie verachtete, kam es zu regelrechter Fehde, so daß keiner von ihnen sich ohne bewaffnetes Gefolge auf den Straßen zu zeigen wagte. Als Leicester, um die Macht und Zahl seiner Anhänger zu demonstrieren, diese mit blauen Litzen an ihren Anzügen versah, ließ Norfolk seine Leute mit gelben Litzen auftreten. Elisabeth sprach beiden eine Rüge aus. Ihre Gefühle als Frau mochten Leicester gelten, für die Herrscherin sprachen andere Gründe stärker gegen die Ehe mit dem Erzherzog. Entscheidend, auch mit dem Blick auf das schottische Beispiel war für sie die Einsicht, daß sie ihr Land nicht in einen konfessionellen Bürgerkrieg stürzen dürfe. Mit kühler Gelassenheit verstand sie es, den Parteienhader und Cliquenzwist zu schlichten. Und was ihren Günstling betraf, so ließ sie den harten Worten, die sie ihm entgegengeschleudert hatte, dann doch wieder die Versöhnung folgen.

Sitzung des englischen Oberhauses

Der schottische Skandal

Der Triumph über Elisabeth, den Maria durch ihre Heirat mit Darnley errungen hatte, war von kurzer Dauer. Die protestantische Partei unter den schottischen Lords, unter ihnen Marias illegitimer Bruder Graf Murray, lehnten sich gegen sie auf in der Hoffnung, aus England Unterstützung zu erhalten. Durch ihre mutige Entschlossenheit gelang es Maria, den Aufstand niederzuschlagen. Murray entwich nach England. Ein Krieg zwischen den beiden Königinnen schien sich anzubahnen. Aber unter dem Eindruck der fehlgeschlagenen Rebellion änderte Elisabeth, die den Krieg scheute, ihre Haltung und verkehrte sie ins Gegenteil. Nicht nur, daß sie ihr den Schotten gegebenes Hilfeversprechen brach, sie trieb das falsche Spiel so weit, daß sie in geheuchelter Empörung Murray, der vor ihr knien mußte, im Beisein von zwei französischen Gesandten wegen der Auflehnung gegen seine Monarchin scharf tadelte.

Die politische Krise hatte Maria gemeistert, aber ihre Ehe erwies sich bald als ein schwerer Fehler und der schöne Darnley als beschränkter und flegelhafter Trunkenbold. Eine weitere Torheit beging sie, als sie ihrem italienischen Sekretär David Riccio, der als Musiker an den Hof gekommen war, ihre Gunst zuwandte und ihm zu Macht und Reichtum verhalf. Daß ein Ausländer von niedriger Herkunft zum wichtigsten Berater der Königin wurde, erregte die Eifersucht Darnleys, der sich entmachtet fand und betrogen fühlte; munkelte man doch, Riccio sei der Vater des Kindes, das Maria erwartete. Wie es sich damit auch verhalten haben mag, das Gerücht hielt sich so dauerhaft, daß noch nach Jahrzehnten, als jenes Kind längst König von England geworden war, Heinrich IV. von Frankreich spottete: wenn Jakob I. der moderne Salomo genannt werde, dann nur deswegen, weil er der Sohn Davids sei, der die Harfe spielte.

Bei den Peers war der «Seigneur Davie» nicht weniger verhaßt. Mit einigen von ihnen drang Darnley am 6. März 1566 in den Palast Holyrood ein, wo sie in einem kleinen Raum neben ihrem Schlafzimmer Maria mit ihrem Günstling beim Abendessen überraschten. Während Darnley seine Frau festhielt, zerrten die anderen Riccio hinaus und ermordeten ihn vor der Tür des Audienzzimmers.

Auch diesmal ließ es Maria, die im sechsten Monat schwanger war, nicht an Mut und Entschlossenheit fehlen. Zusammen mit Darnley floh sie in der nächsten Nacht durch einen Kellerraum aus dem umstellten Palast und überredete ihren charakterlosen Gatten, sich von seinen Mitverschworenen loszusagen. Sie gewann Murray wieder für sich, verbannte die Aufsässigen, die nach England flüchteten, und führte bald wieder mit sicherer Hand das Regiment in ihrem Reich. Im Juli brachte sie ihren Sohn Jakob zur Welt. Sie bat ihre «vielgeliebte Schwester», die Patenschaft zu übernehmen. Elisabeth lehnte zwar höflich ab, schickte ihr aber ein kostbares goldenes Taufbecken. Die freundliche Beziehung, die sich zwischen den beiden wieder angebahnt hatte, wurde im Februar des nächsten Jahres jäh gestört.

Nach Riccios Tod hatten die Zwistigkeiten zwischen Darnley und Maria, die jede Gemeinschaft mit ihm ablehnte, noch zugenommen. In der Regierung hatte er jede Autorität verloren, und im Lande wurde er als Schwächling und Verräter verachtet. Von Elisabeth ist der Ausspruch überliefert, sie hätte an Marias Stelle in der Mordnacht ihren Mann mit seinem eigenen Dolch niedergestochen. Das war wohl mehr aus der Erinnerung an ihre frühe Plutarch-Lektüre gesprochen, denn in Wirklichkeit war heroische Spontaneität das Letzte, dessen sie, die oft zauderte und schwankte, sich gegenüber Maria rühmen konnte. In Schottland hatte die Feindschaft gegen Darnley so zugenommen, daß im Staatsrat insgeheim darüber gesprochen wurde, wie man sich eines so unmöglich gewordenen Königs entledigen könne. Ihm einen Hochverratsprozeß zu machen, fand nicht Marias Zustimmung, und durch eine Scheidung wäre die Legitimität ihres Sohnes zweifelhaft geworden. Einen Ausweg aus dem Dilemma schien es nicht zu geben, aber wieder war es Marias unbeherrschte Leidenschaftlichkeit, die, diesmal unheilvoll, den Verlauf des Dramas bestimmte.

Ihr neuer Geliebter war der Earl of Bothwell, ein tollkühner Abenteurer und als Frauenheld herrisch bis zur Gewalttätigkeit. Die Verse eines der französischen Sonette in den sogenannten Kassettenbriefen, über die noch zu sprechen sein wird: «Da er sich diesen Körper nahm / Bevor er noch mein Herz gewann», lassen vermuten, daß Maria von ihm vergewaltigt worden war. In ihren Briefen an ihn spricht sie von «ihrem Herz, das so hart ist wie ein Diamant, so daß nur der Pfeil, der aus Deiner Hand kommt, es durchbohren kann», dann wieder von Mitleid mit ihrem schwachen Mann, schließlich «aber ich füge mich ganz Deinem Willen».[34]

Ende Januar 1567 inszenierte Maria eine Versöhnung mit ihrem Gatten. Sie zog mit ihm in ein einsames Haus in Kirk-o'Field außerhalb von Edinburgh, damit er sich dort unter ihrer Pflege von seiner jüngst überstandenen Pockenerkrankung erholen könnte. Am späten Abend des 9. Februar verließ sie ihn, begleitet von Fackelträgern, um an einem Maskenfest in Holyrood teilzunehmen. Um 2 Uhr morgens wurde das Haus

durch eine heftige Explosion in die Luft gesprengt; Darnleys Leiche wurde im Garten gefunden.

Niemand bezweifelte, daß Bothwell den Mord veranlaßt habe, und Maria stand im Verdacht der Mitwisserschaft, obwohl sie erklärte, nur das Maskenfest habe sie davor bewahrt, Darnleys Schicksal zu teilen. Eine Woche, nachdem die Nachricht England erreicht hatte, schrieb Elisabeth einen französisch abgefaßten Brief an Maria, in dem sie in bemerkens-

Zeitgenössische Skizze von der Ermordung Lord Darnleys

wertem Freimut und ohne diplomatische Umschweife ihre Kusine warnte und ermahnte. *Madam, Meine Ohren sind so erstaunt und mein Herz so erschreckt über die Nachricht von dem entsetzlichen und abscheulichen Mord an Eurem Gemahl, meinem Vetter, daß ich Mühe habe zu schreiben; aber dennoch kann ich Euch nicht verhehlen, daß ich mir mehr um Euch Kummer mache als um ihn. Ich würde meine Pflicht als treue Kusine und Freundin nicht erfüllen, wenn ich nicht in Euch dränge, Eure Ehre zu wah-*

ren und nicht durch die Finger zu sehen bei der Verfolgung derjenigen, die, wie die meisten Leute sagen, Euch dies zu Gefallen getan haben. Man glaubt allgemein, daß das Verbrechen nie geschehen wäre, wenn die Täter nicht gewußt hätten, daß ihnen keine Strafe droht. Glaubt nicht, daß ich selbst solche Gedanken hege. Nicht um alles in der Welt würde ich einen so schwarzen Verdacht in meinem Herzen aufkommen lassen ... Ich ermahne, rate und bitte Euch, Euch dieses Ereignis so zu Herzen zu nehmen, daß Ihr ungescheut gegen den Mann vorgeht, der das Verbrechen begangen hat, und wenn es Euer bester Freund wäre. Laßt Euch nicht davon abbringen, aller Welt zu beweisen, was für eine edle Fürstin und treue Gattin Ihr seid.[35]

Maria jedoch, deren Schicksal es, nach einem Briefwort Schillers, war, heftige Passionen zu entzünden und zu erfahren, konnte sich von ihrer Liebe zu Bothwell nicht lösen. Lieber wolle sie, hieß es, mit ihm bis ans Ende der Welt gehen, als ihn verlassen. Weder die Schmährufe in den Straßen Edinburghs noch die Warnungen, die ihr der englische Staatsrat erteilte, vermochten ihre Haltung zu ändern. Am 15. Mai 1567 ließ sie sich mit Bothwell, der gerade von seiner Frau geschieden worden war, nach protestantischem Ritus trauen.

Um Darnley trauerte der schottische Adel nicht, aber den Königsmörder Bothwell, der sich schon früher durch seine Arroganz und Unverschämtheit viele Feinde gemacht hatte, wollte niemand an der Spitze des Reiches sehen. Im Juni brachen die ersten Aufstände gegen ihn und Maria aus. In dieser Situation war die Politik Elisabeths, die vor allem eine Intervention Frankreichs verhüten wollte, darauf gerichtet, Maria von Bothwell zu trennen und mit ihren Untertanen zu versöhnen. Am 23. Juni schrieb sie ihr: *Wir haben durch Euren getreuen Diener, Robert Melville, die Erklärungen gehört bezüglich Eurer Lage und insbesondere alles dessen, was sich zur Rechtfertigung Eurer Heirat vorbringen läßt. Madam, um offen mit Euch zu reden ... wie könnte eine Eurer Ehre abträglichere Wahl getroffen werden, als in solcher Hast einen Untertanen zu heiraten, den neben anderen allbekannten Mängeln die öffentliche Meinung des Mordes an Eurem weiland Gemahl beschuldigt, abgesehen von dem Euch selbst zu einem Teil Betreffenden, obwohl dies, wie Wir überzeugt sind, zu Unrecht ... Ihr seht also klar, was Wir von dieser Heirat halten. Würden Wir etwas anderes schreiben oder sagen, würden Wir Euch belügen. – Aus Freundschaft zu Euch wie um der Blutsbande willen, die Uns mit Eurem weiland Gemahl verbinden, bekennen Wir, daß Wir ernstlich gewillt sind, alles in Unserer Macht Stehende zu tun, um die gebührende Strafe an dem Täter vollzogen zu sehen, welcher von Euren Untertanen es auch sein mag und wie wert Ihr ihn auch halten mögt. Und demnächst liegt Uns am Herzen, dafür zu sorgen, daß Euer Sohn, der Prinz, zu Eurem und des Reiches Wohl erhalten bleibe ... Zu diesem Ende sind Wir entschlossen, in aller Eile einen Unserer getreuen Diener zu entsenden, nicht nur um Eure Lage zu erkunden, sondern auch Eurem Adel und Volk zu Gemüte zu führen,*

Maria Stuart. Gemälde aus der Schule François Clouet, 2. Hälfte des 16. Jahrhunderts

daß es Euch nicht an Unserer Freundschaft und Macht fehlen soll, um Eure Ehre in Frieden zu bewahren.[36]

In Schottland aber nahmen die Dinge einen anderen Lauf. Die wenigen Anhänger Marias, mit denen sie sich nach Dunbar zurückgezogen hatte, verliefen sich, bevor es zum Kampf kam; Bothwell ließ sie schmählich im Stich und floh nach Dänemark, und sie wurde als Gefangene nach Edinburgh gebracht. Dort mußte man sie vor dem Zorn des Pöbels schützen, der «Verbrennt die Hexe» hinter ihr herrief. Da sie die Scheidung von Bothwell verweigerte und auf ihre königlichen Rechte pochte, nahm man sie in dem Inselschloß von Loch Leven in Gewahrsam. Erst als die Lords drohten, sie wegen der Ermordung Darnleys anzuklagen, dankte sie am 24. Juli 1567 zugunsten ihres einjährigen Sohnes ab, der fünf Tage später in Stirling Castle als Jakob VI. zum König von Schottland gekrönt wurde. Als Regent wurde ihr Halbbruder, der Earl of Murray, eingesetzt.

Elisabeth tobte. Schwerer als die Durchkreuzung ihrer politischen Pläne kränkte sie die Verletzung der monarchischen Legitimität durch das Vorgehen gegen ihre gekrönte Kusine. Trotz dem heftigen Widerspruch ihrer Minister, die für aktive Unterstützung der schottischen Lords eintraten, ließ sie diesen ein Schreiben übermitteln, in dem es hieß, *weder nach dem Gesetz Gottes noch dem der Menschen* hätten sie *das Recht, sich als Vorgesetzte, Richter und Rächer ihrer Fürstin und Herrscherin zu gebärden, ganz einerlei, welche Vorwürfe sie gegen diese sammeln oder ersinnen würden*[37]. Von Cecil verlangte sie geradezu die Vorbereitung für eine Befreiung Marias, womit die in langen Jahren erreichte Freundschaft mit Schottland zunichte gemacht worden wäre.

Daß eine Intervention Frankreichs in Schottland, unter dem Vorwand, Maria zu helfen, in Wirklichkeit gegen England gerichtet sein würde, sah Elisabeth so klar wie ihre Staatsräte. Aber dieser Befürchtung wurde sie enthoben durch die innenpolitischen Wirren in Frankreich, die ihr höchst gelegen kamen. Karl IX. und seine Mutter Katharina von Medici hatten vor dem Hugenottenführer Condé nach Paris flüchten müssen, wo sie belagert wurden. Scheinbar voller Mitgefühl und unter Betonung der fürstlichen Solidarität sandte Elisabeth am 16. Oktober einen Brief an die Königinmutter, in dem sie nebenbei, aber klug berechnend, dem Ungehorsam französischer Untertanen die Treue ihrer eigenen Landsleute gegenüberstellte. *Aus Eurem Brief habe ich Eure und des Königs edle Absichten zugunsten meiner unglücklichen Kusine, der Königin von Schottland, ersehen und bin hocherfreut, daß ein Fürst mit dem anderen empfindet und sich das ihm angetane Unrecht zu Herzen nimmt. Derlei Frevel sind schrecklich anzuschauen für eine Nachbarin und für alle Fürsten. Nicht als ob ich für mein Teil (Gott seis gedankt) irgend welche Besorgnisse hegte; ich wünschte vielmehr, daß der König, mein lieber Bruder, und alle Fürsten so wenig Ursache hätten, ihre Untertanen zu strafen wie ich, da mir die meinen so treu ergeben sind, wie ich es nur wünschen kann; aber dessen ungeachtet lasse ich es nie an Teilnahme fehlen mit denjenigen Fürsten, die Ursache haben zornig zu sein ... Ich bitte Euch inständig, Madame, wenn ich Euch irgend etwas zu Gefallen tun kann, es mich wissen zu lassen, damit ich mich als Eure gute Freundin erweisen kann. Inzwischen lasse ich*

Karl IX., König von Frankreich.
Rötelzeichnung von François Clouet

nicht ab, zum Schöpfer zu beten, daß er den König und Euch vor Euren schlechten Untertanen bewahren und Euch allezeit in Seiner heiligen Obhut halten möge.[38]

Indessen kam weder England noch Frankreich zum Zuge. Maria gab ihrem Schicksal die entscheidende Wende, als es ihr nach zehnmonatiger Haft gelang, aus Loch Leven zu entkommen. Nach einem gescheiterten Versuch, militärisch Widerstand zu leisten, verließ sie ihr Reich und landete am 16. Mai 1568 in einem Fischerboot mit kleinem Gefolge im englischen Hafen Workington – eine geflüchtete Königin, die nichts gerettet hatte als ihr Leben.

Das Jahr der Revolten

Die schottische Königin war für Elisabeth eine unbequeme Nachbarin gewesen, der Flüchtling Maria Stuart stellte sie vor schwierigere Probleme; er verstrickte sie in die schottische Politik und brachte die Gefahr internationaler Konflikte mit sich. Denn was sollte mit der entthronten Herrscherin geschehen, die sich unter den Schutz Englands begeben und der Elisabeth Unterstützung gegen ihre rebellischen Untertanen zugesagt hatte? Eine Auslieferung an Schottland, die ihren sicheren Tod bedeutet hätte, war danach undenkbar. Ihr wieder auf den Thron zu verhelfen, hieß unter Bruch des Edinburgher Vertrags von 1560 einen Krieg mit Schottland zu beginnen. Sie, wie es ihr Wunsch war, nach Frankreich ausreisen zu lassen, kam ebensowenig in Frage; man hätte sie dort als rechtmäßige Königin von England begrüßt. So blieb einstweilen nur, sie sorgfältig zu bewachen.

Zunächst gewährte man ihr eine sehr ehrenvolle Haft an der Nordgrenze in Carlisle, wo sie sich ziemlich frei bewegen und sogar auf die Beizjagd gehen konnte. In ihrem ersten Brief an Elisabeth jammerte sie, daß sie keine Kleider habe außer denen, die sie auf dem Leibe trage, und bat um eine sofortige Unterredung. Dann wurde sie mit dem Wunsch nach einer persönlichen Begegnung drängender, ihre Bitten wurden zu Beschwerden und Vorwürfen, und sie ließ einfließen, daß sie nicht ohne Freunde sei und sich an andere Fürsten wenden könne, die ihr beistehen würden. Mit Erschrecken und unter Tränen las sie Elisabeths Antwort: *Niemand auf der Welt verlangt mehr danach, Eure Rechtfertigung zu hören als ich; und niemand würde einer Erklärung, die Eure Ehre wiederherstellt, ein willigeres Ohr leihen. Aber ich kann um Euretwillen nicht meinen eigenen Ruf gefährden. Um Euch die Wahrheit zu sagen: Ich werde bereits jetzt verdächtigt, Eure Sache lieber zu verteidigen, als meine Augen den Dingen zu öffnen, deren Euch Eure Untertanen anklagen. Da Ihr Euch nun einmal unter meinen Schutz gestellt habt, könnt Ihr sicher sein, daß ich für Euer Leben und Eure Ehre so eintreten werde, daß weder Euch selbst noch Euren nächsten Verwandten Eure Interessen mehr am Herzen liegen könnten. Ich gebe Euch mein fürstliches Wort, daß weder Eure Untertanen noch meine eigenen Räte mich dazu veranlassen werden, etwas von Euch zu verlangen, das Euch in Gefahr bringen oder Eurer Ehre zu nahe treten könnte. – Es kommt Euch seltsam vor, daß ich Euch nicht empfange? Bitte versetzt Euch in meine Lage! Sobald Ihr von dem Verbrechen losgesprochen seid, werde ich Euch mit allen Ehren aufnehmen. Vorher kann ich es nicht.*[39]

Elisabeth hatte anfangs dazu geneigt, Maria mit großmütiger Milde zu behandeln, aber ihre Staatsräte hatten ihr entgegengehalten, daß Politik nicht von persönlichen Gefühlen bestimmt werden dürfe. Besonders eindringlich hatte Cecil ihr dargelegt, daß Marias Gefangennahme nur legitimiert sei durch den Verdacht einer Mitschuld an der Ermordung ihres Gatten. Sonst könnten die England-feindlichen Mächte, Frankreich, Spanien, der Kaiser, in dem stets aufrechterhaltenen Anspruch Marias auf den englischen Thron den wahren und durch nichts zu rechtfertigenden Grund für ihre Inhaftierung sehen und darauf womöglich mit Krieg antworten.

Maria, die in Carlisle häufig Besuche von katholischen Herren, die mit ihr sympathisierten, empfangen hatte, war inzwischen in das stark befestigte, einsam gelegene Schloß Bolton in Wensleydale gebracht worden. Ihre Bewacher waren Sir Francis Knollys unterstellt, der die Anweisung hatte, ihr die einer Fürstin königlichen Geblüts gebührende Achtung zu erweisen, der aber als überzeugter Protestant die Gewähr für strenge Aufsicht bot. Auf die Dauer konnte Elisabeth ihre prekäre Stellung zwischen Maria und den schottischen Lords nicht halten. Nach langen Verhandlungen mit Vertretern beider Seiten wurde die Einsetzung einer Untersuchungskommission beschlossen. Maria hatte sich heftig dagegen gesträubt, als absolute Fürstin erkenne sie keine irdischen Richter über sich an, am wenigsten ihre verräterischen Untertanen. Elisabeth fand eine besänftigende Formel, indem sie dem Vertreter Marias erklärte, es handle sich um keine Gerichtsverhandlung, die englische Kommission solle kein Urteil sprechen, sondern lediglich beide Parteien anhören. Von dem Ergebnis wolle sie ihr weiteres Verhalten gegenüber der schottischen Königin abhängig machen.

Die Konferenz begann Anfang Oktober in York. Elisabeth hatte drei Bevollmächtigte unter Führung des Herzogs von Norfolk entsandt. Maria hatte sich geweigert zu erscheinen und ließ sich durch ihren Privatsekretär, den Bischof von Ross, und durch Lord Herries, der mit ihr geflüchtet war, vertreten. Murray riß die Rolle eines Anklägers an sich und bezichtigte Maria der Mittäterschaft an der Ermordung Darnleys. Den Beweis für seine Anschuldigung wollte er nur unter der Bedingung erbringen, daß Elisabeth sich verpflichte, nach einem schlüssigen Beweis Maria an die schottische Regierung, die sie damit anerkenne, auszuliefern. Elisabeth lehnte ab und gab Befehl, die Untersuchung zu vertagen. Der bisherige Verlauf der Verhandlung hatte sie nicht befriedigt, insbesondere mißfiel ihr, daß Norfolk sich gegenüber Maria mit verdächtigem Wohlwollen benommen hatte. Die Ursache seines Verhaltens glaubte sie zu erkennen, als bald darauf am Hof Gerüchte aufkamen, der Herzog wolle Maria heiraten, was dieser allerdings, von ihr zur Rede gestellt, entschieden abstritt.

Tatsache jedoch war, daß Maitland von Lethington, der geschickte Unterhändler an der Seite Murrays, dem Herzog bei einem gemeinsamen Ausritt zur Falkenjagd vorgeschlagen hatte, er solle Maria, die dann auf ihren Thron zurückkehren könne, heiraten, worauf dieser nach kurzer Überlegung eingegangen war. Der ehrgeizige Mann, größter Landlord

Eigenhändige Skizze Lord Burghleys für die Gerichtsverhandlung gegen Maria Stuart

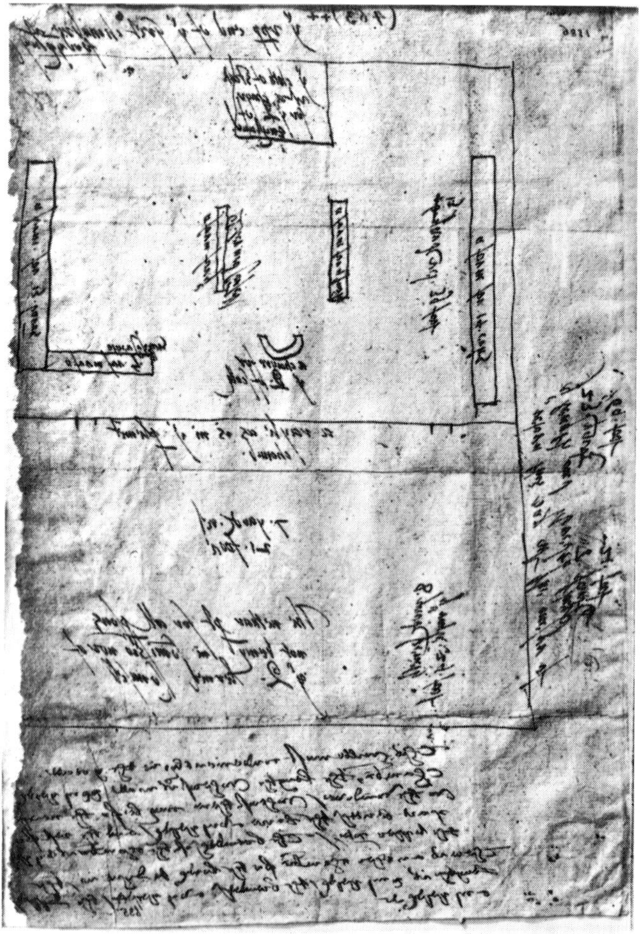

Die Gerichtsverhandlung gegen Maria Stuart am 14. und 15. Oktober 1586 im Schloß Fotheringhay

Englands und Vetter der Königin, von der er sich nie nach Verdienst gewürdigt fand, war von der Aussicht, König von Schottland zu werden, bezaubert, obwohl er nicht an Marias Schuld zweifelte.

Die Fortsetzung der Konferenz wurde in die Sternkammer, den königlichen Gerichtshof in Westminster, verlegt. Die Königin hatte neue Kom-

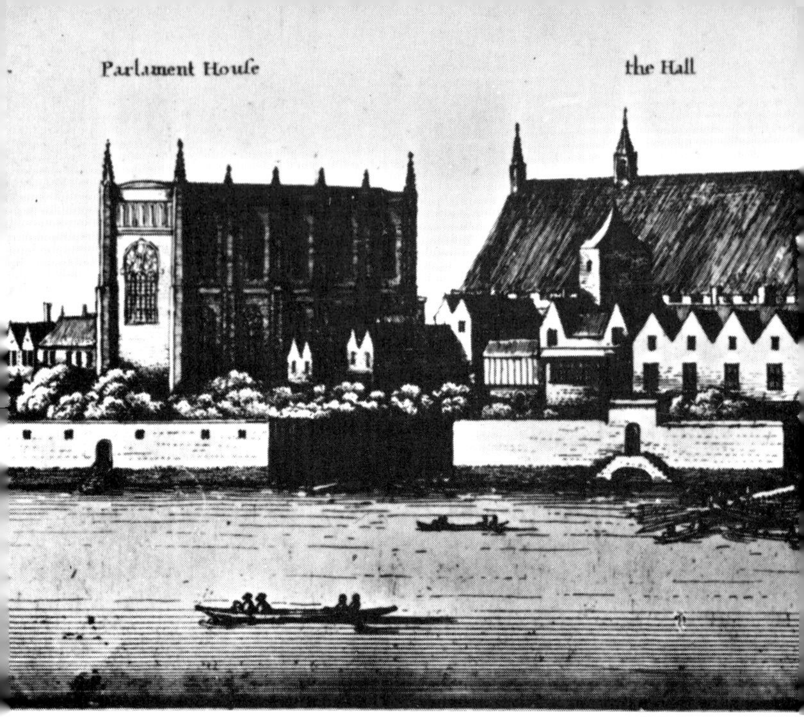

London: Der Stadtteil Westminster im 16. Jahrhundert. Radierung von Wenzel Hollar

missare ernannt, die fast alle ihrem Staatsrat angehörten. Maria erhob Protest gegen das Gericht, dessen Zuständigkeit sie bestritt, und lehnte ab, vor ihm zu erscheinen. Murray wiederholte seine Anklage und legte nach elf Tagen die berühmten «Kassettenbriefe» vor, die, falls sie echt waren, Marias Schuld unzweifelhaft bewiesen. Ihre sie aufs schwerste belastenden Briefe an Bothwell waren 1567 in einer silbernen Kassette unter Bothwells Bett gefunden worden und durch einen Diener in den Besitz der schottischen Lords gelangt. Maria erklärte sie natürlich für Fälschungen, aber man war allgemein von ihrer Echtheit überzeugt, und selbst Norfolk, dem schon früher Abschriften zugestellt worden waren, fand es undenkbar, daß sie erfunden und von jemand anderem als Maria verfaßt worden seien.

Der Bischof von Ross erklärte im Namen seiner Herrin, sie werde sich gegen die in einem illegalen Prozeß erhobenen Anklagen nicht verteidigen, sei aber bereit, sich vor Elisabeth persönlich zu verantworten. Darauf ging Elisabeth nicht ein; sie verkündete in einem Zwischenurteil vom

10. Januar 1569, die Untersuchung habe nichts feststellen können, was gegen die Ehre Murrays und seiner Lehnsleute spreche, und nichts, was die schottische Königin einer Schuld überführe. Nach den vorgelegten Dokumenten hatte sie nun Maria in der Hand, aber in ihrer gewohnten Art, Entscheidungen zu verzögern, hielt sie sich alle Wege offen.

Maria aber, die oft sehr verzweifelt und niedergeschlagen war, hatte neue Hoffnung geschöpft. Schon aus Carlisle hatte sie der spanischen Königin in einem geheimen Brief versichert, das englische Volk sei dem Katholizismus treu geblieben, und jetzt ließ sie durch eine verdeckte Botschaft dem spanischen Gesandten mitteilen, daß sie innerhalb von drei Monaten Königin von England sein werde und dann im ganzen Land wieder die Messe lesen lasse.[40] Bei dieser kühnen Voraussage zählte sie nicht nur auf Unterstützung durch die englischen Katholiken, sondern rechnete mit dem baldigen Ausbruch eines Krieges zwischen England und Spanien und der Entsendung einer starken spanisch-französischen Heeresmacht nach England.

Das waren nicht nur Hirngespinste. Zwischen England und Spanien konnte, seitdem Maria in England festgehalten wurde, von normalen Beziehungen keine Rede mehr sein. Philipp hatte den englischen Gesandten in Madrid, einen diplomatisch unbegabten Bürgerlichen namens Dr. Man, zur unerwünschten Person erklärt und nach Hause geschickt. Den Posten seines Gesandten in England hatte er mit einem ebenfalls nicht sehr intelligenten Mann besetzt, der sich in jeder Art von Intrige gefiel. Über Cecil berichtete er an seine Regierung, dieser sei «ein Mann geringen Standes, aber sehr schlau, falsch, verlogen und tückisch, ein großer Ketzer und ein ungeschliffener Engländer»[41]. Ähnlich abschätzig urteilte er über andere Ratgeber Elisabeths. Diese legte anfangs der politischen Klimaverschlechterung keine große Bedeutung bei, aber der vorsichtige und vorhersehende Cecil warnte sie: «Das Glück kann Sie im Stich lassen ... Der liebe Gott hat noch anderes zu tun, als an seine Engländer zu denken.»[42]

Die Situation spitzte sich zu, als Elisabeth eine spanische Goldflotte beschlagnahmte, die sich vor Kanalpiraten in englische Häfen gerettet hatte. Der Herzog von Alba ergriff daraufhin Repressalien gegen englische Bürger und Schiffe in den Niederlanden, und die Spanier kaperten die englischen Galeeren von Francis Drake und John Hawkins auf ihrer Fahrt in die spanische Neue Welt. Ein militärischer Zusammenstoß war bedrohlich nahegerückt und Elisabeths Regierung, lange vom Glück begünstigt, an den Rand einer Krise geraten.

Da an der Königin keine Kritik geübt werden durfte, richteten sich die Angriffe der oppositionellen Kräfte im Land gegen ihren einflußreichsten Ratgeber, Cecil. Der Versuch, ihn von seinem beherrschenden Posten zu verdrängen, ging vornehmlich von Leicester und Norfolk aus, bei denen auch persönliche Motive im Spiel waren. Leicester grollte ihm, weil er stets gegen seine Heirat mit Elisabeth gewirkt hatte, und Norfolk konnte seine harte Haltung gegen Maria Stuart nicht vergessen. Den katholischen Lords war seine entschieden protestantisch ausgerichtete Politik von jeher ein Ärgernis, und andere gaben ihm die Schuld an den Spannungen im Verhältnis zu Spanien. Sie alle strebten nach einer Entmachtung des unpopulär gewordenen Ersten Staatssekretärs, aber Elisabeth dachte nicht daran, ihn fallenzulassen und wies alle Vorwürfe gegen ihn scharf zurück. Aber sie spürte, daß die Stimmung im Staatsrat undurchsichtig und ablehnend geworden war. Zudem wurde sie wieder einmal von fiebrigen Magenschmerzen und Neuralgien geplagt. Sie war körperlich überhaupt nicht so robust, wie es ihre ungehemmte Bewegungsfreude beim Gehen, Reiten und Jagen vermuten ließ. Ihre erstaunliche Energie entsprang nicht einer soliden Gesundheit, sondern war häufig Ausdruck einer nervösen Labilität, die sich in plötzlichen Unpäßlichkeiten, Erbrechen oder Schlafstörungen bemerkbar machte.

Im Laufe des Sommers heckten Leicester und Norfolk einen neuen

Elisabeth mit Gefolge auf der Jagd

konspirativen Plan aus. Sie sahen in einer Ehe Norfolks mit Maria, die dann ihre Abdankung widerrufen sollte, die Lösung des schottischen Problems. Sehr viel weiter gingen Verschwörungen konservativer Adliger, unter denen sich der Graf von Northumberland befand. Sie wollten Elisabeth absetzen, Maria zur Königin von England ausrufen und Alba auffordern, mit einem Heer im Norden Englands zu landen.

Elisabeth hatte zwar keine verläßlichen Kenntnisse von den Kabalen, die hinter ihrem Rücken geschmiedet wurden, aber sie ahnte, daß Gefährliches auf sie zukam. Der Loyalität Norfolks traute sie ohnehin nicht mehr, zumal sie seine Forderung, Cecil zu entlassen, als einen hochverräterischen Akt empfunden hatte. Bei einem Parkspaziergang fragte sie ihn geradezu, ob er keine Neuigkeiten für sie habe. Er merkte, worauf die Frage zielte, er war beunruhigt, aber er wich aus. Zu sehr hatte er sich schon mit Maria, der er werbende Liebesbriefe schrieb, eingelassen. Leicester dagegen, ob aus Furcht vor den Folgen seines Verrats, ob aus alter Anhänglichkeit, begann zu schwanken. Als Elisabeth ihn eines Tages am Krankenbett, in das er sich zurückgezogen hatte, besuchte, beichtete er ihr alles und bat sie um Verzeihung – die ihm die Königin, gerührt von seiner Zerknirschung und seinen Liebesbeteuerungen, gewährte.

Norfolk, der sich auf seinen Landsitz Kenninghall begeben hatte, erhielt strikten Befehl, sofort an den Hof zu kommen. Als er sich mit Krankheit entschuldigte, ließ ihm Elisabeth, nachdem sie den Ton eines ersten Entwurfs von der Hand Cecils zu scharf gefunden hatte, folgenden Brief übermitteln: *Wir sind nicht gewöhnt, eine solche Antwort von irgend jemandem zu bekommen; auch denkt Ihr allzu gering von Uns, wenn Ihr meint, Wir würden ein Fieber als Vorwand gelten lassen angesichts eines so klaren Befehls von Uns. Und da die Angelegenheit, zuerst durch Eure Abreise und jetzt durch Euer Hinhalten, bereits offenkundig geworden ist, so muß Unser Ansehen notwendig darunter leiden, wenn Ihr nicht unverzüglich vor Uns erscheint, nötigenfalls in einer Sänfte, wie Wir Euch hiermit ausdrücklich befehlen.*[43]

Ob der Herzog wußte, daß Elisabeth zur sofortigen Hinrichtung Marias entschlossen war, wenn er es zu einer bewaffneten Aktion kommen ließe – auch er, der Leicester wegen dessen Nachgiebigkeit verwünscht hatte, unterwarf sich der Königin und flehte um Gnade. Er wurde in den Tower gebracht. Zuvor hatte er den Earl of Northumberland gewarnt und ihm dringend geraten, das geplante Unternehmen abzublasen.

Doch dazu war es zu spät geworden. Seit Monaten hatten sich die Lords im Norden Englands auf den Aufstand vorbereitet und sich dabei der Gefolgschaft ihrer Landsleute versichert, von denen die meisten dem alten Glauben anhingen und die kirchlichen Reformen nur widerwillig angenommen hatten. Dazu kam bei ihnen die Abneigung gegen das zentralistische Regime in London, aber auch dort gab es im geheimen nicht wenige, die für Marias Sache eingenommen waren und eine katholische Restauration herbeiwünschten.

Die Häupter der Verschwörung waren die Grafen von Northumberland und Westmorland und der fanatische Katholik Leonard Dacres, der eine Privatarmee um sich gesammelt hatte. Die Verhaftung Norfolks war für sie das Signal zum Losschlagen. Sie riefen ihre Anhänger zu den Waffen und marschierten nach Durham. In der Kathedrale zerrissen sie das Prayer Book und die englische Bibel und ließen feierlich die Messe lesen. Als sie später zur Kirche von Ripon zogen, hatten sie sich Kreuze mit den fünf Wunden Christi auf den Rücken geheftet, um damit die Wiederherstellung der althergebrachten Religion als Ziel ihres «heiligen Krieges» deutlich zu machen. Eine Weile blieben sie mit ihren an Zahl und Bewaffnung unzureichenden Truppen im Norden unbehelligt, wagten sich aber über York nicht hinaus. Nur eine Abteilung stieß südwärts auf Tutbury vor, um Maria, die dort gefangensaß, zu befreien, denn sie war ja der eigentliche Mittelpunkt des Aufstands. Sie war jedoch in höchster Eile nach Coventry gebracht und dort unter schärfste Aufsicht gestellt worden.

Bei den ersten Meldungen von der Revolte hatte Elisabeth, die über kein stehendes Heer verfügte, Truppen ausheben und die Häfen scharf bewachen lassen. Mit den rasch aus Lehnsleuten und Landbesitzern rekrutierten Streitkräften schickte sie ihren Vetter Lord Hundson in den Norden. Die «Papisten», wie sie von ihren Gegnern genannt wurden, zogen sich in die Moore und Gebirgstäler zurück, aber dabei wurden sie von vielen ländlichen Parteigängern, die sich in ihren Dörfern sicherer fühlten, im Stich gelassen. Ihren Anführern blieb nur die Flucht über die Grenze nach Schottland. Einzig Leonard Dacres hielt stand und verteidigte sich viele Wochen lang tapfer, bis er im Februar von Hundsons Leuten geschlagen wurde und unter Zurücklassung von dreihundert Toten und vielen Gefangenen nach Schottland entkam.

Das Parlament hatte strenge Bestrafung der Insurgenten verlangt. Elisabeth, sonst so maßvoll, ging über die Anträge weit hinaus. Da ihr die Großen, die Percy und Neville, Swinburne und Markenfield, entkommen waren, übte sie Vergeltung an den kleinen Leuten. Über siebenhundert wurden standrechtlich abgeurteilt und gehenkt. Bei den Reichen und Grundherren hielt sie sich an die Empfehlungen des Parlaments: sie wurden begnadigt, wenn sie bereit waren, den Treueid zu schwören; ihre Güter wurden eingezogen oder sie mußten hohe Geldbußen leisten. Die beschlagnahmten Ländereien fielen in den Besitz der Krone, die sie verkaufte oder verpachtete. Die neue Klasse von Landbesitzern, die so entstand, veränderte die Sozialstruktur Nordenglands auf die Dauer entscheidend.

Northumberland wurde nach Monaten in Schottland von dem Regenten Murray gefangengenommen und an Elisabeth ausgeliefert, die ihn hinrichten ließ. Anderen seiner Gesinnungsgenossen war die Flucht in die Niederlande gelungen, wo sie unter der spanischen Besatzung wenigstens ihres Lebens sicher waren. Ihrem «lieben Vetter» Lord Hundson schickte die Königin nach seinem Sieg über Dacres «in herzlicher Zuneigung» ein eigenhändiges Dankschreiben, in dem sie ihm auch materielle Belohnung versprach.

Den Religions- und Bürgerkrieg hatte Elisabeth schnell beenden können. Daß sie von längeren Kriegswirren und Glaubenskämpfen bewahrt blieb, wie sie Deutschland, Frankreich, Italien zu bestehen hatten, dazu trug auch die insulare Lage ihres Reiches bei. So sehr die Protestanten in ganz Europa sie bewunderten, für die katholische Welt blieb sie «das böse Weib», der «Hort aller Gottlosen». Der Aufstand war gerade niederge-

Papst Pius V.

schlagen, da verkündete Papst Pius V., der lange gezögert hatte, die Exkommunikation Elisabeths, die als «Ketzerin und Helfershelferin von Ketzern» jedes Recht auf den Thron verwirkt habe. Ihre Untertanen wurden von dem Treueid entbunden. Die Katholiken, die ihr weiterhin gehorchten, setzten sich der Gefahr des Kirchenbanns aus. Die meisten verstanden es, den Konflikt durch kluges Verhalten zu umgehen, andere flüchteten auf den Kontinent. Doch hatte die Bulle – Elisabeth nannte sie eine unglaubliche Unverschämtheit – einen verschärft protestantischen Kurs der Regierung zur Folge.

Die vereitelte Verschwörung

Der Aufstand in den Nordprovinzen hatte noch ein kurzes, blutiges Nachspiel. An der schottischen Grenze hatten sich Anhänger Marias mit einigen der geflüchteten Rebellen zusammengetan. Um ihr Treiben zu beenden, wurde eine Strafexpedition unter dem Grafen von Sussex in den Norden geschickt, der seiner Aufgabe mit ungewöhnlicher Grausamkeit nachkam: viele Dörfer und Burgen wurden niedergebrannt und ungezählte Aufständische getötet oder gefangengenommen.

In Schottland hatte sich Maitland ganz auf die Seite Marias geschlagen und Murray ermorden lassen. Obwohl Elisabeth wußte, daß Maria die Triebfeder der Opposition war, dachte sie immer noch an deren Wiedereinsetzung. Ihr Staatsrat hielt das für Wahnsinn, aber die Königin bestand darauf, mit Maria wenigstens zu verhandeln. Die Bedingungen sahen vor, daß Jakob als Geisel nach England kommen und Maria endgültig auf den englischen Thron verzichten solle, bevor über ihre Wiedereinsetzung entschieden würde.

Norfolk, der gelobt hatte, von seinen Heiratsabsichten mit Maria ein für allemal abzulassen, war aus dem Tower freigekommen und in seinem Palast unter Hausarrest gestellt worden. Im Hochsommer geriet er in die Fänge des Florentiner Bankiers Ridolfi, der in London seine Geschäfte betrieb. Roberto Ridolfi war ein Geheimagent des Papstes, ein ebenso beschränkter wie leichtsinniger Mann, dem jeder Sinn für Realitäten fehlte. Der Plan seiner Verschwörung sah die Hilfe Albas mit Geld, Waffen und Soldaten vor. Seine Truppen, 8000 bis 10000 Mann, sollten in Harwich landen, London einnehmen, Elisabeth gefangensetzen und Maria befreien, die zusammen mit Norfolk als Herrscher über England und Schottland ausersehen war. Dabei rechnete er auf die Unterstützung durch mindestens die Hälfte der englischen Peers, was sich später als grotesker Irrtum erwies.

Ende März 1571 reiste Ridolfi nach Brüssel, Rom und Madrid. Beim Papst, der jedem Aufständischen, ja sogar einem Mörder Elisabeths Dispens zusagte, und bei Philipp II. fand er beifälliges Gehör. Aber der Herzog von Alba, der als Militärgouverneur der Niederlande genug mit der Niederhaltung der gegen die spanische Herrschaft Revoltierenden zu tun hatte und realistisch dachte, hielt ihn für einen Schwätzer. Er verlangte, daß zunächst die englischen Aufständischen aus eigenen Kräften erfolgreich sein müßten, bevor er eingriffe.

Ridolfi war so einfältig, von Brüssel aus, wo die englische Regierung Spione unterhielt, chiffrierte Briefe an Norfolk und andere Mitverschworene zu schicken. Sein Bote wurde in Dover verhaftet und ins Gefängnis geworfen, doch gelang es Cecil nicht, Ridolfis Mitteilungen, in denen die Namen nur durch Ziffern bezeichnet waren, völlig zu entschlüsseln. Kurz darauf aber wurden Diener Norfolks, die einen Sack mit französischem Geld in den Norden bringen sollten, gefaßt. Auf Befehl Elisabeths, sie durch den Anblick der Streckfolter zu ehrlicher Antwort zu zwingen, wurden sie peinlich verhört. Ihr Geständnis belastete nicht nur den spanischen Gesandten und den Bischof von Ross, sondern führte auch zur Entdeckung von Briefen und Dokumenten, die in Norfolks Haus unter dem Dach versteckt waren und den ganzen Umfang der Verschwörung erkennen ließen. Der spanische Gesandte wurde des Landes verwiesen, und der Bischof von Ross unter Androhung der Folter so lange verhört, bis er alles gestand. Daß dabei auch die Beteiligung von Männern aus dem engeren Hofkreis offenkundig wurde, erschütterte Elisabeth so sehr, daß sie erklärte, sie könne eigentlich nur noch Cecil, den sie inzwischen zum Lord Burghley erhoben hatte, Leicester, Hundson und wenigen anderen unbedingt vertrauen.

Der Prozeß gegen den Herzog von Norfolk fand am 16. Januar 1572 in der Sternkammer statt. Die Verhandlung dauerte ganze zwölf Stunden und endete mit der Verkündung des Todesurteils wegen Hochverrats. Die Hinrichtung wurde auf den 8. Februar festgesetzt, aber in der Nacht zuvor widerrief Elisabeth den Befehl. Der Zwang, die für sie furchtbare Entscheidung zu treffen, stürzte sie in eine so schwere gesundheitliche Krise, daß sie glaubte, sterben zu müssen. Eine Magenkolik setzte ihr so heftig zu, daß sie kaum Atem holen konnte und ihr Herz zu versagen drohte. Burghley und Leicester wachten drei Nächte lang an ihrem Bett, und erst nach fünf Tagen erlaubten ihr die Ärzte, die eine Fischvergiftung vermutet hatten, aufzustehen. Noch zweimal schreckte sie davor zurück, die Vollstreckung des Urteils anzuordnen. Während der vierzehn Jahre ihrer Regierung war noch kein Peer auf das Schafott geschickt worden, und Norfolk war nicht nur ihr Vetter, sondern auch der bei vielen beliebte ranghöchste Adlige ihres Landes. Daß sie ihre eigene Sicherheit dabei so sehr außer acht ließ, brachte ihre Ratgeber zur Verzweiflung. Endlich, am 2. Juni, wurde Norfolk, der ruhig und aufrichtig seine Reue bekundete, auf dem Tower Hill enthauptet. Elisabeth war noch lange danach niedergeschlagen und zürnte Burghley, daß er sie gedrängt habe.

Auch nach der Entdeckung der Ridolfi-Verschwörung hatte sich Elisabeth gegenüber Maria, die zwar streng bewacht wurde, nachsichtig verhalten, bis sie Ende Januar von dieser einen Brief erhielt, der ihre Geduld erschöpfte. Sie antwortete ihr am 1. Februar aus Westminster: *Madame,*

Elisabeth I. Anonymes zeitgenössisches Gemälde

in letzter Zeit habe ich von Euch verschiedene Briefe erhalten, auf die ich, nach der ganzen Lage der Dinge, besonders aber deshalb nicht antworten konnte, weil sie nichts enthielten, was eine Antwort erheischt hätte ... Da ich nun aber in Eurem letzten Brief eine Steigerung Eurer Ungeduld feststellte, die Euch zu unziemlichen, leidenschaftlichen, zornigen und rachsüchtigen Ausdrücken hinreißt, habe ich es für richtig erachtet, meine bis-

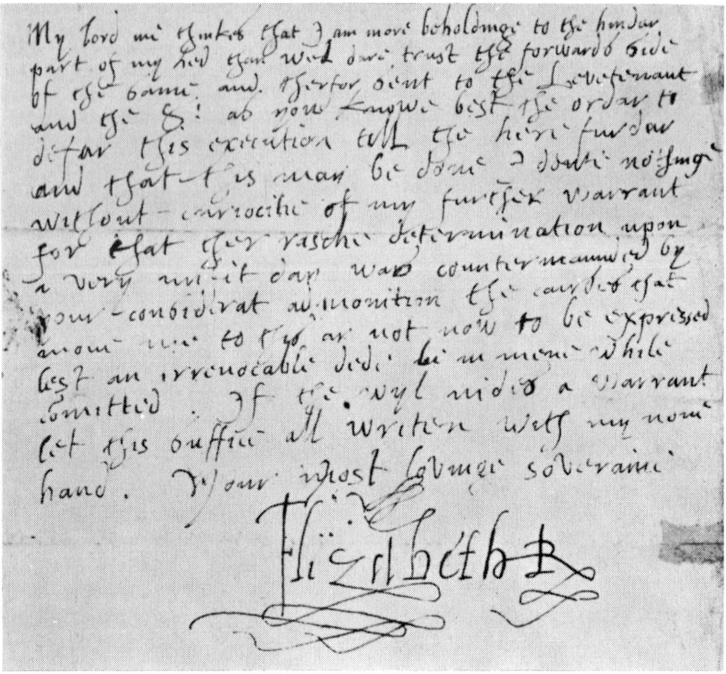
My lord me thinkes that I am more beholdinge to the hindar
part of my hed than wel dare trust the forwardo side
of the same and therfor sent to the Leuetenant
and the S. as you knowe best the ordar to
defar this execution til the here furdar
and that this may be done I dout nothinge
without curiositie of my further warrant
for that their rasche determination upon
a very unfit day was countermanded by
your considerat admonition the causes that
move me to this ar not now to be expressed
lest an irreuocable dede be in meane while
committed. If the wyl nides a warrant
let this suffice all writen with my none
hand. Your most louinge soueraine
Elizabeth R

Brief Elisabeths an Lord Burghley, in dem die Königin die Exekution des Herzogs von Norfolk noch einmal hinausschiebt

herige Zurückhaltung aufzugeben und Euch durch geduldige und besonnene Worte zu bewegen, Eurer Leidenschaft Einhalt zu gebieten oder sie zu mildern und zu bedenken, daß Ihr durch böse Reden nichts Gutes, durch beleidigende Herausforderungen keine Wohltaten, kurzum für Euch von mir nichts erreicht, wenn Ihr immer nur darauf bedacht seid, mir Böses zuzufügen. Um aber nicht in den gleichen Fehler zu verfallen, den Ihr dadurch begangen habt, daß Ihr einen langen Brief mit vielen scharfen und beleidigenden Worten fülltet, will ich mich brieflich zu der Angelegenheit nicht weiter äußern, sondern habe es vorgezogen, meinen Vetter, den Grafen Shrewsbury, das wissen zu lassen, was ich nach der Lektüre Eures Briefes für notwendig hielt ...[44]

In der langen Denkschrift, die Shrewsbury Maria vorlas, hatte Elisabeth, zum Teil in scharfen Wendungen, bis in kleinste Einzelheiten zu Marias Brief Stellung genommen. Ob man es als Charakterstärke oder als Torheit ansehen will – Maria bestand auf dem Recht, jederzeit für die

Wiedergewinnung ihrer rechtmäßigen Krone zu kämpfen, und berief sich dabei auch auf Elisabeths früheres Versprechen, ihr dabei behilflich zu sein.

Das Parlament jedoch, das im Mai zusammengetreten war, forderte ihren Kopf. Der «ungeheuerliche große Drachen» müsse sterben. Ihre Hinrichtung sei nicht nur gerecht, sondern auch notwendig, da sie die Sicherheit der Königin gefährde und Unruhe im Lande stifte. Eine allgemeine Straffreiheit für Verräter habe es niemals gegeben, erklärte der Sprecher des Unterhauses unter dem Beifall der Abgeordneten. Der Antrag war von beiden Häusern gefaßt worden, und auch die Synoden von Canterbury und York hatten ihm zugestimmt. Elisabeth lehnte mit Entschiedenheit jedes Vorgehen gegen Maria ab. Burghley, der den Parlamentsbeschluß gutgeheißen hatte, stöhnte über «die Langsamkeit und das Zaudern der höchsten Person», die ihm jeden Funken guten Mutes raube.

In einer neuen Beratung verabschiedete das Parlament ein Gesetz gegen «Maria, Tochter Jakobs V., frühere Königin von Schottland», in dem sie von der Thronfolge ausgeschlossen und jeder, der für sie eintrete, zum Hochverräter erklärt wurde. Auch dagegen legte Elisabeth ihr Veto ein. Ihr monarchischer Glaubenssatz von der Immunität gekrönter Herrscher hatte über die Forderungen politischer Zweckmäßigkeit gesiegt. Frankreichs Karl IX., gewiß kein Genie, sah Marias Schicksal schon damals voraus, als er ausrief: «Ach, die arme Närrin wird nicht eher aufhören, bis sie den Kopf verliert. Man wird sie bestimmt noch hinrichten.»[45]

Von den Vorsätzen und Versprechungen, mit denen Elisabeth angetreten war, hatte sich zu dieser Zeit kaum etwas erfüllt. Die religiöse Einheit, die sie so eifrig angestrebt hatte, war nicht erreicht worden. Die Frage der Nachfolge war nicht geregelt, und sie war noch immer unverheiratet. Mit dem Parlament hatte sie sich überworfen. In Europa hatte England keinen Verbündeten; der Überseehandel war durch die spanische Wirtschaftsblockade zum Erliegen gekommen. In der Regierungsgeschichte Elisabeths bezeichnete das Jahr 1572 einen Tiefstand.

Frankreich, Spanien und die Niederlande: Elisabeths doppeltes Spiel

Die Isolation Englands innerhalb der europäischen Staatenwelt, insbesondere das anhaltend gespannte Verhältnis zur Weltmacht Spanien, drängten Elisabeth zu einer Aussöhnung mit Frankreich. Die Puritaner unter ihren Ministern, besorgt über den zunehmend militanten Katholizismus, bestürmten sie dagegen, den Freiheitskampf, den Ludwig von Nassau und Wilhelm von Oranien gegen die spanischen Bedrücker in den Niederlanden führten, zu unterstützen und auch den französischen Hugenotten gegen ihren König zu helfen. Die große Täuscherin Elisabeth tat zwar unter der Hand beides, aber nur halb und halbherzig. Sie wünschte weder den klaren Sieg der holländischen Calvinisten und noch weniger kriegerische Verwicklungen mit Frankreich; hier sprach auch ihr königliches Legitimitätsprinzip mit. Ihr Ziel war auf einen Kräfteausgleich im Nordwesten Europas gerichtet, wobei sie auch an den darniederliegenden Handel mit den Niederlanden dachte.

So kam es ihr gelegen, daß der französische Gesandte Fénélon ihr 1570 den Gedanken an eine Heirat mit dem Herzog von Anjou, dem Bruder des französischen Königs, nahelegte. Sie war damals 37 Jahre alt, Anjou fast 20 Jahre jünger, aber er wurde ihr als hübsch und schon recht männlich geschildert. Sie lud ihn ein, sie inkognito zu besuchen, aber daran schien ihm nichts gelegen. Jedenfalls wurde ihr sein Ausspruch hinterbracht, er denke nicht daran, eine alte Jungfer zu heiraten, die überdies ein schlimmes Bein habe. Dafür erhielt sie zwar ein dementierendes Entschuldigungsschreiben, aber als der ultrakatholische Herzog noch unmögliche Forderungen nach freier Religionsausübung im Falle einer Eheschließung stellte, wurde der Plan beiderseits zu den Akten gelegt.

Die ehrgeizige Königsmutter, Katharina von Medici, die ihren Sohn schon als englischen Prinzgemahl gesehen hatte, gab indessen so schnell nicht auf. Sie brachte ihren jüngeren Sohn, den Herzog von Alençon, als Ehekandidaten ins Gespräch und erklärte sich zugleich bereit, in Besprechungen über ein englisch-französisches Defensivbündnis einzutreten. Das Bündnis, ein wichtiger außenpolitischer Erfolg der Diplomatie Elisabeths, kam im April 1572 mit dem Vertrag von Blois zustande. In ihm sagten sich die beiden Staaten im Falle eines Angriffs gegenseitige Unterstützung zu; außerdem verzichtete Frankreich darauf, Maria Stuart wei-

Katharina von Medici. Gemälde von François Clouet

terhin zu unterstützen. Von Alençon war einstweilen nicht mehr die Rede. Zwar wurden nebenbei Erkundigungen über sein, nicht sehr einnehmendes, Aussehen eingezogen, aber erst sieben Jahre später sollte er seine Rolle im Leben Elisabeths und in der englischen Politik übernehmen.

Zunächst aber ging am Hofe das etwas gekünstelte Theater, das die jungfräuliche Königin mit ihren Favoriten spielte, weiter. Elisabeth ließ sich von der fast kultischen Verehrung durch ihre Höflinge bestrahlen, spielte sie gelegentlich auch gegeneinander aus und nahm den am meisten Bevorzugten nie ganz die Hoffnung auf eine Erwiderung ihrer Liebe. Neben Leicester, der damals seine Bewerbungen um ihre Hand noch nicht ganz aufgegeben hatte, bemühten sich noch andere Edelleute um ihre Gunst. Da war der junge Edward de Vere, 17. Earl of Oxford, den in unseren Tagen die Schweizer Schriftstellerin Mary Lavater-Sloman als den Verfasser der Werke Shakespeares entdeckt haben will: ihr Buch «Gefährte der Königin» stellt unter den vielen Versuchen, das angebliche Geheimnis um Shakespeare zu lösen, zweifellos den allerunglaubwürdigsten dar.

Da war ferner Sir Christopher Hatton, der dem Earl of Leicester mehr Grund zur Eifersucht gab. Elisabeth hatte ihn 1564 auf einem Maskenball der Juristen als ausgezeichneten Tänzer kennengelernt und in ihre Leibwache aufgenommen. Im Gegensatz zu dem schroffen, rücksichtslosen Oxford war er, obwohl von kräftiger Statur, ausnehmend freundlich und sanft und gewann vielleicht gerade dadurch Elisabeths Zuneigung, die ihn einige Jahre später in den Kreis ihrer intimen Freunde aufnahm. Sie erwies ihm auffallend viele Vergünstigungen, schenkte ihm Ländereien und ernannte ihn zum Kapitän der Leibwache. Als er eines Tages erkrankte, suchte sie ihn täglich in seinem Zimmer auf, und alsbald zirkulierten am Hof die üblichen Klatschgeschichten: die Königin sei wohl doch nicht so tugendhaft, wie man behaupte. Wenn Hatton, der zeitlebens Junggeselle blieb und dessen Liebe zu seiner Herrin nie erkaltete, vom Hofe abwesend war, schickte er ihr Briefe, vor deren Gefühlsüberschwang die übliche höfische Galanterie verblaßte: «Gebe Gott, daß ich nur eine Stunde bei Euch wäre! Ich zermartere mir den Kopf, ich weiß nicht, was ich tun soll. Habt Geduld mit mir, allersüßeste Herrin. Die Leidenschaft überwältigt mich, und ich kann nicht weiterschreiben. Liebt mich, denn ich liebe Euch ...»[46]

Die Freundschaft mit Frankreich, deren sich Elisabeth so sicher geglaubt hatte, wurde bald auf schwere Proben gestellt. In den Niederlanden waren die Aufstände gegen das Blutregiment Albas wieder ausgebrochen, und die Hugenotten waren ihren calvinistischen Glaubensbrüdern zu Hilfe gekommen. Obwohl Elisabeth niederländische Flüchtlinge zu Hunderten bei sich aufgenommen hatte, war das durchaus nicht in ihrem Sinn, denn eine Kontrolle des englischen Seehandels durch Frankreich schien ihr noch weniger annehmbar als die spanische Herrschaft in den Niederlanden. Dann schlug Ende August die Nachricht von der Pariser Bartholomäusnacht wie ein Unwetter in England ein und versetzte die Bevölkerung in Wut und Empörung.

Den grausigen Massenmord hatte Katharina von Medici entfesselt. Sie befürchtete von der zunehmenden Macht der Hugenotten, denen sich auch ihr Sohn, König Karl IX., angeschlossen hatte, einen Krieg mit Spanien und das Ende ihrer Herrschaft. Im Hochsommer 1572 hatte sich der ganze hugenottische Adel unter seinem Führer, dem Admiral von Coligny, in Paris versammelt, um die Hochzeit des jungen Königs Heinrich von Navarra mit Katharinas jüngster Tochter zu feiern – eine einzigartige Gelegenheit für die Feinde der Protestanten. Die Ermordung Colignys gab das Signal für das allgemeine Gemetzel, das, gut inszeniert, in der Morgendämmerung des 24. August ausbrach. Alle Hugenotten, Adlige,

Von Geld ist die Rede, von wem noch?

Was er machte …

… und womit er reich wurde, sehr reich, war im Grunde nichts anderes als eine Art von Privatkrieg, mit Duldung und Protektion des Königshauses. Und dieses Königshaus profitierte selbst nicht schlecht an den Gewinnen der Unternehmungen dieses Mannes.

Er war der Sohn eines Predigers und blieb stets ein eifriger protestantischer Christ. Das hinderte ihn freilich nie, Städte zu plündern und Schiffe zu kapern, sofern sie dem katholischen Feind gehörten.

Eine seiner größten Unternehmungen führte ihn knapp vier Jahre lang rund um die Erde. Der Profit dieser Reise belief sich auf eine halbe Million Pfund Sterling, und das zu einer Zeit, als ein Pfund noch eine Menge Geld war. Den Geldgebern seiner Unternehmung konnte er 100 Prozent Gewinn auszahlen. Kein Wunder, daß seine Königin ihn dankbar adelte.

Von seinem eigenen Anteil kaufte er sich einen Landsitz in South Devon, wo heute noch ein Museum von seinen Taten kündet, die seine Landsleute für Heldenstücke, seine Feinde für Verbrechen hielten. Er starb, als er wieder einmal die Spanier bekämpfte, auf See vor Porto Bello, in einer Januarnacht des Jahres 1596. Von wem war die Rede?

(Alphabetische Lösung: 4-18-1-11-5)

Bürger, Frauen und Kinder, wurden ermordet, die Leichen verstümmelt oder in den Fluß geworfen. In Paris sollen innerhalb von zwei Tagen nach vorsichtigen Schätzungen – andere nennen das Mehrfache – 5000 Menschen umgekommen sein, und noch einmal ebensoviel, als die Mordsucht auf den Pöbel der katholischen Provinzstädte übergegriffen hatte.

In England kamen bald ganze Schiffsladungen mit französischen Flüchtlingen an, deren Berichte über den Terror, dem sie ausgeliefert gewesen, die Gemüter der englischen Protestanten so erhitzten, daß sie Rache an den Papisten im eigenen Land forderten. Ihr Haß richtete sich nicht nur gegen Frankreich, sondern auch gegen Spanien und den Papst, die sie für mitschuldig an dem Blutbad hielten. Die königliche Leibgarde wurde verstärkt, die Besatzungen in den Häfen der Südküste in Alarmbereitschaft versetzt und die Flotte zum Auslaufen gerüstet. Den französischen Gesandten, der um eine Audienz nachgesucht hatte, ließ Elisabeth mehrere Tage warten und empfing ihn dann äußerst reserviert. Über den Inhalt der Unterredung unterrichtete sie ihren Gesandten in Frankreich, Sir Francis Walsingham, Ende September:

Der französische Gesandte de la Motte Fénélon hat am 22. dieses Monats um eine Audienz gebeten und kam an den Hof, wo er eine lange Besprechung mit Uns hatte; das schien Uns um so seltsamer, als Wir kurz vorher von dem täglichen Hinmorden der Protestanten in Frankreich gehört hatten, was alles auf Befehl und mit Zustimmung des Königs geschehen sein soll. Nachdem Wir angehört hatten, was er Uns zu berichten vermochte, mußte er sich von Uns sagen lassen, daß er Unserer Meinung nach wohl selbst fühlte, wie wenig befriedigend seine Ausführungen seien, doch fügten Wir hinzu, Wir würden auf eine endgültige Antwort bedacht bleiben, die er in drei oder vier Tagen erhalten sollte.

Des weiteren enthielt der Brief Anweisungen, was Walsingham dem französischen König vortragen solle: *Ihr mögt darauf hinweisen, daß es Uns weiter nichts angeht, wenn der König irgendwelchem seiner Untertanen eine verdiente Strafe zuteil werden läßt ... Daß er aber alle diejenigen in seinem Reich vernichtet und ausrottet, die sich zu Unserem Glauben bekennen, und dabei Uns als Gattin für seinen Bruder wünscht, muß Uns von vornherein als höchst abstoßend und widerspruchsvoll erscheinen, da er ihnen doch durch ein ewiges und unwiderrufbares Edikt freie Religionsausübung zugesagt hat ...* Sodann erhielt Walsingham den Auftrag, *gewisse Punkte unter allen Umständen zu klären, besonders ob der König mit all diesen Grausamkeiten und der Ausrottung des wahren Glaubens einverstanden ist, oder ob er gezwungenerweise seine Zustimmung gibt ...*[47] Von einer Antwort darauf mache sie ihr weiteres Verhalten abhängig.

Das Schreiben zeigt nicht nur Elisabeths Empörung über das Abschlachten so vieler französischer Adliger und Edelherren, die weder überführt noch überhaupt vor Gericht gestellt wurden, sondern läßt auch durchblicken, daß sie nicht auf einen Bruch mit Frankreich zusteuerte.

Als Karl IX. im November einen Sonderbotschafter zu ihr schickte und seinen aufrichtigen Wunsch bekundete, das Freundschaftsbündnis wiederherzustellen, ging Elisabeth nach einigen wiederholten Vorhaltungen darauf ein.

Im Land jedoch klang die Erregung so rasch nicht wieder ab. Am heftigsten wandte sich der Volkszorn jetzt gegen Maria Stuart, deren Verwandte, die Familie Guise, die eifrigsten Verfolger der Hugenotten waren. Selbst von kirchlicher Seite wurde Marias Hinrichtung gefordert und Elisabeth schwächliches Mitleid vorgeworfen. Das Parlament hatte sich zu dieser Zeit vertagt, aber die Königin hatte schon Mühe genug, dem Druck ihrer Staatsräte zu widerstehen. Burghley und Leicester verfielen auf den Gedanken, Maria an Schottland auszuliefern, aber die Bedingungen, die der schottische Regent stellte, sahen eine offizielle englische Teilnahme an der Hinrichtung vor – und das wollte Elisabeth unter keinen Umständen. Das einzige, was sie erreichten, war die Entsendung englischer Truppen nach Edinburgh, wo sich Anhänger Marias verschanzt hatten.

Als Zugeständnis an die leidenschaftlichen Protestanten kann man die Ernennung von Francis Walsingham zum Zweiten Staatssekretär (1573) neben Burghley ansehen, der gleichzeitig auch das Amt des Oberschatzmeisters übernahm. Walsingham war der Typ des fanatischen Puritaners, der in Spanien und im Katholizismus insgesamt die Mächte der Finsternis verkörpert sah, die ewig bekämpft werden müßten. Einen Gesinnungsgenossen seiner Radikalität fand er bald in Leicester, und beide waren oft verzweifelt über Elisabeths weitsichtige Toleranz, die ihnen als Torheit erschien. Die Königin aber vertraute mehr dem besonnenen Urteil Burghleys. Obwohl sie mit ihm nicht immer einer Meinung war, hielt sie mehr als je zuvor an ihrer Überzeugung fest, kein Fürst in Europa habe einen solchen Ratgeber wie ihn.

Das Gegenstück zur Kreuzzugsmentalität Walsinghams war der Emigrantengeist der aus England in die Niederlande, nach Rom und Spanien geflüchteten Katholiken. Sie verschworen sich zu einem großen Unternehmen gegen England und setzten dabei die aktive Beteiligung des Papstes und Philipps II. als sicher voraus. Der spanische König gewährte den Exilierten jeden Schutz und unterstützte das geplante Unternehmen durch großzügige Subventionen, aber vor einem offenen Krieg mit England, dessen Ausgang ihm ungewiß schien, scheute er zurück. Elisabeth wiederum hielt ihre Häfen für die Wassergeusen, die Flüchtlinge aus den Niederlanden, offen und heimlich unterstützte sie auch weiterhin die Hugenotten.

In ihrem politischen Verhalten während der nächsten Jahre haben viele, bisweilen selbst Burghley, Zeichen von Launenhaftigkeit, Stimmungswechsel, Unentschlossenheit zu erkennen geglaubt. In Wirklichkeit wußte sie sehr gut, was sie wollte, so verwirrend die einzelnen Züge ihrer ganz

Sir Francis Walsingham, seit 1573 Staatssekretär Elisabeths I.
Gemälde, John de Critz d. Ä. zugeschrieben

von der jeweiligen Opportunität diktierten Taktik auch wirken mögen. Da sie der zukünftigen Haltung Frankreichs nach der Bartholomäusnacht nicht traute, tat sie das ihre, um das Land nicht zur Ruhe kommen zu lassen und eine Balance zwischen dem König und den Hugenotten herbeizuführen. Nicht genug damit. Nach dem bewährten Rezept, einen Gegner gegen den anderen auszuspielen, begann sie Verhandlungen mit Spanien, um den seit 1568 unterbrochenen Handelsverkehr wieder aufzunehmen. Daran war auch Spanien interessiert, dessen Seehandel durch englische Piraten empfindlich gestört wurde, und so kam 1573 ein Vertrag zustande, durch den die Handelsbeziehungen zwischen den beiden Staaten wieder aufgenommen wurden.

Am kompliziertesten war das Problem der Niederlande. Dort kämpften Protestanten um ihre Glaubensfreiheit, aber den Calvinisten hatte nie die ungeteilte Sympathie Elisabeths gegolten, und außerdem waren sie, auch in ihren Augen, Rebellen. In einem Gespräch mit dem spanischen Gesandten äußerte sie, *die Niederländer sollten auf ihre eigene Façon selig werden*. Das war zwar zunächst gegen Philipp gesagt, aber es zeigt, daß es ihr jetzt nicht um Religion ging, sondern um die Zwänge der Politik, die ihr vorschrieben, zwei Gefahren im Auge zu behalten. Zum einen durfte Spanien nicht zum uneingeschränkten Herrn über die Niederlande werden, von deren Boden aus es dann das «Unternehmen England» hätte starten können. Ebenso bedrohlich wäre es andererseits gewesen, wenn Frankreich den Aufständischen zum Sieg verhelfen und die Niederlande annektieren würde.

Don Juan d'Austria. Holzschnitt von Anton von Leest

Von diesen Überlegungen aus erhält das Doppelspiel, das Elisabeth, mitunter zögernd, im ganzen aber doch mit genialer Berechnung trieb, seinen Sinn. Keine Partei sollte siegen, alle sollten weiterkämpfen. «Sie blies ins Feuer, wenn es im Haus des Nachbarn brannte» – auf diese Formel hat der englische Historiker Conyers Read die auswärtige Politik Elisabeths in diesen Jahren gebracht.

1576 schickte Philipp seinen Halbbruder, den illegitimen Sohn Karls V., Don Juan d'Austria, als Gouverneur in die Niederlande mit der Weisung, nach dem Schreckensregiment Albas einen milderen Kurs einzuschlagen. Don Juan ging der Ruhm des Sieges voraus, den der damals Vierundzwanzigjährige in der Seeschlacht von Lepanto über die Türken errungen hatte. Jetzt hegte er den romantischen Traum, nach einer Befriedung der Niederlande in England einzufallen, Maria zu befreien und mit ihr zusammen das Königreich zu regieren. Er war noch in Italien, da meuterten die spanischen Truppen in den Niederlanden, denen lange kein Sold gezahlt worden war, sie plünderten Antwerpen und versetzten das ganze Land in Aufruhr. Daraufhin schlossen die Generalstaaten mit Holland und Seeland einen Vertrag, in dem sie Wilhelm von Oranien zum Statthalter einsetzten und in der sogenannten «Pazifikation von Gent» die Selbstverwaltung der Gemeinschaft unter spanischer Herrschaft, aber frei von militärischer und religiöser Bedrückung, beschlossen. Elisabeth zögerte keinen Moment, ihre Taktik wieder einmal zu ändern. Unter der Drohung, die Generalstaaten durch Truppen und Geld zu unterstützen – in Wirklichkeit hatte sie ihnen bereits ein Darlehen von 20000 Pfund überwiesen –, erreichte sie von Madrid die Anerkennung der Pazifikation. Don Juan konnte nicht anders, er mußte sie in seinem «Immerwährenden Edikt» bestätigen, das zudem den Rückzug der spanischen Truppen auf dem Landweg über Flandern vorsah; nur eine kleine Ordnungsmacht sollte im Lande verbleiben. Für die auswärtige Politik Elisabeths ein großer Erfolg.

Allerdings war Don Juan nicht gewillt, die Vereinbarungen einzuhalten. Mit neuen Truppen, die er aus Italien herbeigeführt hatte, brachte er den Aufständischen schwere Verluste bei und fuhr fort, gegen England zu rüsten, nachdem er sich des Beistands Frankreichs und des Papstes versichert hatte. Elisabeth schickte weitere beträchtliche Geldsummen in die Niederlande und warb insgeheim unter großen finanziellen Anstrengungen deutsche und Schweizer Söldner an. Auch die protestantischen Fürsten in Deutschland machten gegen die katholische Allianz mobil. Ein europäischer Krieg schien sich anzubahnen.

In dieser kritischen Situation bemühte sich Elisabeth im Widerstand gegen ihren aggressiv gestimmten Staatsrat aufs äußerste, den offenen Konflikt mit Spanien zu vermeiden. Wie recht sie damit hatte, zeigte sich, als Philipp, dessen Reich vor dem Staatsbankrott stand, 1578 Bernardino de Mendoza als ständigen Botschafter nach London entsandte, wo er seit sieben Jahren keine diplomatische Vertretung mehr unterhalten hatte. Mendoza kam mit dem Auftrag, die englische Königin von Philipps Friedenswillen zu überzeugen, falls sie auf jede militärische Unterstützung der Generalstaaten der Niederlande verzichte. – Don Juan, der bis zum Spätsommer glücklos weitergekämpft hatte, starb im Oktober. Das «Unternehmen gegen England» fand nicht statt.

Der letzte Bewerber

Nach dem Tod Karls IX. im Jahre 1574 war Heinrich von Anjou als Heinrich III. auf den französischen Thron gelangt. Sein Titel als Herzog von Anjou war auf seinen jüngeren Bruder Franz von Alençon übergegangen, den wir jedoch, um Verwechslungen vorzubeugen, weiterhin so nennen wollen. Daß dieser seine frühere, erfolglose Werbung um die Hand Elisabeths nach sieben Jahren unter günstigeren Aussichten wieder aufnahm, hatte – von den beiden Seiten her betrachtet – unterschiedliche Motive. Alençon, der in Frankreich kein Feld mehr für seinen abenteuerlichen Tatendrang sah, hatte in den südlichen Niederlanden auf eigene Faust den Kampf gegen Spanien aufgenommen und versprach sich von einer Heirat mit der englischen Königin eine Stärkung seiner, auch finanziell, schwachen Position. Für Elisabeth verknüpfte sich mit seiner Werbung zum mindesten die Aussicht, ihn von seinen niederländischen Aktionen, die ihre Politik störten, abzubringen.

Um Weihnachten 1578 schickte Alençon seinen Freund Jean de Simier, einen Frauenheld und Meister galanter Unterhaltung, zu Elisabeth, der er so bestechend den Hof zu machen verstand, daß sie ihn bald zärtlich ihren «Affen, das treueste ihrer Tiere» nannte und es ungerügt hinnahm, als er aus ihrem Zimmer ihre Nachthaube stahl und sie, ohne um Erlaubnis zu fragen, als Liebespfand an Alençon, der Elisabeth mit ungestümen Liebesbriefen überschüttete, sandte. Christopher Hatton verging vor Eifersucht, und Leicester beschuldigte den Franzosen, er benutze Zaubertränke und unerlaubte Künste, um die Königin in Alençon verliebt zu machen.

In den folgenden Monaten nahm die Werbung ernsthaftere Formen an. Im Staatsrat wurde über die Vor- und Nachteile der Eheschließung gestritten. Ein Haupteinwand betraf das Alter der Königin, die jetzt 45 Jahre alt war. Konnte sie überhaupt noch ein Kind bekommen? Es hieß, die Ärzte hätten es bejaht; man wies auf ihre stattliche und ebenmäßige Figur und ihre gesunde Gesichtsfarbe hin, und der französische Gesandte stellte fest, sie sei nie schöner und ansehnlicher gewesen und unter einem Sternzeichen geboren, das einer Frau Nachkommen verheiße. Wenig vorteilhaft waren dagegen die Berichte über das Äußere des möglichen Prinzgemahls: er sei lächerlich klein, sein Gesicht sei von Pockennarben

Franz von Alençon, der spätere Herzog von Anjou

entstellt, und er habe eine unförmige Knollennase. Außerdem war er erst 22 Jahre alt. So ist es verständlich, daß Elisabeth wünschte, ihn zunächst einmal persönlich kennenzulernen. Als er im August 1579 an den Hof kam, war sie angenehm überrascht. Sie fand ihn keineswegs häßlich, genoß seine Verehrung und seine temperamentvoll dargebrachten Liebesgelübde und zeichnete ihn, wie sie es bei ihren Günstlingen zu tun pflegte, mit einem Spitznamen aus: er war ihr «Frosch». Nach seiner Abreise schrieb er ihr aus Dover vier Briefe und drei aus Boulogne, in denen er sich «unter Tränen ihren liebevollsten Sklaven» nannte. Dem letzten Brief war ein Perlengehänge beigefügt und eine kleine goldene Blume, auf der ein Frosch und die Worte «Mounseer his phisnomye» (Monsieurs Physiognomie) eingraviert waren.[48]

Im englischen Volk jedoch war die Erinnerung an die Bartholomäusnacht und die Abneigung gegen Frankreich noch zu lebendig. Allgemein wurde beanstandet, daß Alençon inkognito zum Idyll mit der Königin gekommen war. Weit schärfer reagierten die Puritaner, die, wie seinerzeit bei der Ehe zwischen Maria und Philipp, die religiöse Freiheit gefährdet sahen. Einer von ihnen, John Stubbs, ein strenggläubiger Landedelmann, veröffentlichte eine Flugschrift gegen die «sträfliche Sünde» der Heirat mit einem katholischen Franzosen. Alençon, so hieß es darin, sei «die alte Schlange in Person» und gekommen, «um die englische Eva zu verführen und das englische Paradies zu zerstören». Mit ihm werde die römische Messe wiederkehren und das Wort Gottes verstummen.

Das Pamphlet wurde beschlagnahmt, der Verfasser mit seinem Verleger zum Verlust der rechten Hand und zu Gefängnis verurteilt. Stubbs, nachdem ihm die rechte Hand abgehackt war, zog mit der linken seinen Hut und rief, bitter scherzend: «Gott schütze die Königin!», dann wurde er ohnmächtig in den Tower getragen. Page hob seinen blutigen Armstumpf hoch und sagte: «Hier lasse ich die Hand eines echten Engländers zurück.» Die Menge der Zuschauer verharrte in bedrohlichem Schweigen.[49]

Elisabeth war mit Recht empört über die Beleidigung, die der befreundeten französischen Nation durch die Schmähschrift angetan worden war, aber sie spürte, daß sie durch die Grausamkeit des auf einem veralteten Sondergesetz beruhenden Urteils die öffentliche Meinung gegen sich aufgebracht hatte. Sie bat, bei ihr höchst ungewöhnlich, den Staatsrat um eine Entscheidung. Sieben Mitglieder, darunter Leicester und Hatton, stimmten gegen die Heirat, fünf unter dem Einfluß Burghleys dafür. Sie einigten sich auf den Beschluß, keine Empfehlung zu geben, der von Elisabeth unter Tränen und mit Vorwürfen entgegengenommen wurde. Man hat ihr zwar nachgesagt, daß sie jede Rolle übernehmen konnte, die ihr gerade gefiel, aber in diesem Fall schauspielerte sie wohl nicht: sie wußte, daß es mit der letzten Ehechance vorbei war. Am nächsten Tag ließ ihr der Staatsrat ausrichten, er erhebe keinen Widerspruch gegen die Heirat, weil er den Wunsch der Königin, Kinder zu bekommen, respektieren müsse. Doch das war keine eindeutige Zustimmung, und von ihrem Volk, das war ihr klar, konnte sie nur feindselige Ablehnung erwarten.

Danach empfing sie monatelang weder Hatton noch Walsingham, denen sie ihre Kritik verübelte. Am heftigsten bekam Leicester ihren Zorn zu spüren. Simier hatte ihr hinterbracht, was kaum einer am Hofe wußte – Leicester war verheiratet. Im September 1578 hatte er in größter Heimlichkeit Lettice Knollys, die Witwe des Grafen Essex, geehelicht. Elisabeth konnte es nicht fassen: Der Mann, dem sie zu höchstem Rang und fürstlichem Vermögen verholfen hatte, der sich als ihr treuester Anbeter und Liebhaber aufgespielt hatte und der entschiedenste Gegner ihrer Verbindung mit Alençon war, ihr geliebter Robin hatte sie verraten und seinerseits, zudem ohne ihr Wissen, geheiratet! In der ersten Erregung

Elisabeth I. Anonymes Gemälde

befahl sie, ihn in den Tower zu werfen, doch dann ließ sie es, nach vorübergehender Inhaftierung in einem einsamen Turm, bei Hausarrest und Verbannung vom Hofe bewenden.

Über Elisabeths seelische Verfassung in dieser Zeit kann man nur Vermutungen aufstellen. War Alençon für sie nur eine Figur im Spiel ihrer Politik gewesen oder hatte er ihr mehr bedeutet und hatte sie an der Schwelle der für eine Frau kritischen Jahre sich doch zum Schluß noch Mann und Kind gewünscht? Wie auch immer, in Hinsicht auf eine Ehe hatte sie resigniert. Soviel auch in den folgenden Jahren über die französische Heirat gesprochen und verhandelt wurde, Alençon war für sie jetzt nur noch unter politischen Nützlichkeitserwägungen wichtig.

Ihre Hauptsorge galt der Bedrohung von seiten Spaniens, das durch die Kaperfahrten und seeräuberischen Aktionen von Francis Drake aufs äußerste herausgefordert war und dessen Machtposition durch die Annexion Portugals und seiner Kolonien, die dem Herzog von Alba in wenigen Wochen gelungen war, sich noch verstärkt hatte. Philipps Drohung und sein dem Papst gegebenes Versprechen, in England einzufallen, Maria zu befreien und Elisabeth abzusetzen, waren zu einer akuten Gefahr geworden. Mehr als je zuvor war Elisabeth auf eine verläßliche Freundschaft mit Frankreich angewiesen, die sie durch Alençon garantiert sah, solange er an den Erfolg seiner Werbung glaubte – ein zwingender Grund, ihn in diesem Glauben zu belassen.

Im April 1581 war Sir Francis Drake von seiner Weltfahrt durch die Magellanstraße zurückgekehrt, bei der er durch Überfälle auf spanische Schiffe und Siedlungen in der Neuen Welt sagenhafte Schätze an Gold, Silber, Seide und andere Kostbarkeiten erbeutet hatte. Allein Elisabeths Anteil an dem Raub, den er an Bord der «Golden Hind» heimbrachte, betrug fast ein Tausendfaches von dem, was sie in das Unternehmen investiert hatte: 160000 Pfund. Bei ihrem Besuch auf dem Achterdeck der «Golden Hind» sagte sie scherzhaft zu Drake, sie könne ihm den Kopf abschlagen, weil er ein Pirat sei. Dann reichte sie ihr goldenes Schwert dem Sonderbeauftragten Alençons, Seigneur de Marchaumont, damit dieser Drake zum Ritter schlage. Die ungewöhnliche Auszeichnung war nicht zuletzt als Symbol der englisch-französischen Allianz gegen Spanien gedacht. Für den spanischen Gesandten Mendoza waren die Vorgänge, denen er mit Unwillen beigewohnt hatte, ein Beweis, daß die Heirat mit Alençon eine beschlossene Sache war.

Vierzehn Tage später kamen die französischen Unterhändler nach England, um die Einzelheiten des Ehevertrags zu besprechen. Sie wurden von vielen Standespersonen, unter denen auch der Dauphin war, begleitet, und Elisabeth sparte an nichts, um die Gäste fürstlich zu bewirten und mit Banketten und Lustbarkeiten zu unterhalten. Mitte Mai wurde auf dem Turnierplatz ein Schauspiel aufgeführt, bei dem aus Kanonen Blumen auf die Zuschauer abgefeuert und andere Spektakel geboten wurden. Das

Glanzstück war eine Allegorie der Werbung um die Königin. Prunkvoll kostümierte Höflinge stellten den Kampf der «Begierde» mit der «Tugend» dar. Zum Schluß, als es schon Abend wurde, trug die «Tugend» den Sieg davon. «Die Festung der vollkommenen Schönheit» – darauf lief die seltsame Moral der Geschichte hinaus – «soll dem Mittelpunkt der gesamten Welt erhalten bleiben.»[50]

Englands Hauptfeind neben und zusammen mit Spanien war der Papst. Der Staatssekretär des Vatikans hatte erklärt, Elisabeth füge dem katholischen Glauben so schweren Schaden zu, «daß wer sie aus dieser Welt befördert in der frommen Absicht, Gott einen Dienst zu erweisen, nicht nur keine Sünde begeht, sondern sich einen Verdienst erwirbt»[51]. In päpstlichem Auftrag kamen seit 1580 viele Jesuitenmissionare nach England. Zwar war ihnen jede politische Betätigung verboten worden, aber den frommen Vätern, mochten sie auch die Traktate über den Tyrannenmord kennen, ging es ja nur um das Seelenheil der Menschen. Sie beschworen die Katholiken, an ihrem Glauben festzuhalten, und heizten den Protestanten ein, zu ihm zurückzukehren. Das Parlament sah darin den hochverräterischen Versuch, die Untertanen zur Gehorsamsverweigerung gegenüber ihrer Königin zu verleiten; es forderte schärfste Bestrafung der Missionare. Elisabeth dagegen bewies Milde und Mäßigung. Sie setzte durch, daß Katholiken, die es von jeher waren und geblieben waren, unbehelligt blieben. Die Staatsräte verlangten erbittert die Todesstrafe für jeden, der einen Protestanten zur Konversion überredete. Auch dieser Antrag ging nicht durch. Verfügt wurde lediglich, daß alle, die am sonntäglichen anglikanischen Gottesdienst nicht teilnahmen, mit hohen Geldbußen belegt und nur im Falle ständiger Weigerung mit Gefängnis bestraft werden sollten.

Indessen konnte Elisabeth nicht verkennen, daß die katholische Bewegung im Lande um sich griff und daß ihr Ziel einer Einheit von Kirche und Staat einstweilen unerreichbar war. Auch außerhalb Englands war die Gegenreformation im Vormarsch. Die Gefahr eines militanten Angriffs der katholischen Liga spitzte sich zu, als die Versuche Katharinas von Medici bekannt wurden, ihren Sohn auf die Seite Spaniens gegen England zu ziehen. Jetzt mußte die Verbindung mit Alençon mit allen Mittel aufrechterhalten werden. Die Rollen hatten sich vertauscht, die Werbende war Elisabeth geworden. Es war mehr oder auch weniger als ein Scherz, wenn sie damals den spanischen Gesandten fragte, ob er als Herold komme oder um den Krieg zu erklären. Alençon, der sein niederländisches Unternehmen ohne die großen Kredite, die ihm Elisabeth laufend gewährte, hätte aufgeben müssen, schien damals schon mehr am englischen Geld als an der Heirat mit der Königin interessiert zu sein. Jedenfalls nahm er eine Einladung zu einem zweiten Besuch bereitwillig an und landete im Oktober 1581 in England.

Bei der glanzvollen Feier zum Jahrestag ihrer Thronbesteigung küßte

Elisabeth auf der Galerie von Whitehall ihren Verehrer in Anwesenheit der Höflinge und gab ihm einen Ring von ihrem Finger als Verlobungszeichen. Was in der darauffolgenden Nacht angeblich geschah, kann man glauben oder nicht: die vertrautesten Ehrendamen sollen ihrer Majestät unter Jammern und Klagen die Schrecken einer Ehe und einer Geburt geschildert haben. Bezeugt ist, daß sie am Morgen Alençon mitteilte, sie habe die ganze Nacht schlaflos gelegen und ihre Gefühle als Frau gegen ihre Pflichten als Königin abgewogen. Sie habe sich entschlossen, ihr Glück dem Wohle ihres Volkes zu opfern und nicht zu heiraten.

Alençon nahm die Eröffnung in guter Haltung auf, zumal Elisabeth ihn bat, noch eine Weile am Hof zu bleiben, da seine Gegenwart sie tröste und erfreue. So wurde das Stück von beiden Seiten formvollendet zu Ende geführt. Der Herzog blieb noch mehrere Monate, amüsierte sich und versäumte dabei nicht, in zärtlichem Liebesgeplauder mit der Königin seine Geldwünsche anklingen zu lassen. Elisabeth sah ein, daß sie sich freikaufen müsse. Sie versprach ihm ein Darlehen von 60000 Pfund und gab ihm, als er am 1. Februar England verließ, 10000 Pfund in bar mit. Sie geleitete ihn bis nach Canterbury, weinte beim Abschied und ließ ihn unter der Bewachung durch drei Kriegsschiffe in die Niederlande bringen.

In den Liebesbriefen, welche die beiden noch lange miteinander tauschten, fehlte bei Alençon selten die mahnende Erinnerung an das versprochene Darlehen, während Elisabeth daran gelegen war, ihren Verbündeten nicht zu verlieren. Daß er für sie niemals etwas anderes gewesen war als ein bedenkenlos ausgenutzter politischer Partner – dieser Schluß liegt nahe. Gewiß hatte, wie meist, ihre Vernunft über ihr Gefühl gesiegt, aber daß hinter der berüchtigten, gläsernen Kälte ihr Herz nicht unbeteiligt war, wurde offenbar, als ihr im Juni 1584 Alençons Tod mitgeteilt wurde: Sie ordnete Hoftrauer an, weinte in den nächsten Wochen oft und gedachte alljährlich seines Todestages. Sie hatte ihren letzten Bewerber, ihren «Frosch», gerngehabt.

Der Hof Elisabeths

Zur Regierungskunst Elisabeths gehörte es, sich der Liebe und Anhänglichkeit ihres Volkes zu versichern. Die Rundreisen, die sie in jedem Sommer unternahm, dienten nicht nur ihrer Erholung; sie wollte ihre Untertanen sehen und von ihnen gesehen werden. Wie gut sie sich auf den Umgang mit den einfachen Leuten verstand, zeigt die Anekdote von ihrem Kutscher, der, als sie an einem Tag dreimal den Reiseplan änderte, ausgerufen haben soll: «Jetzt sehe ich wenigstens, daß die Königin eine Frau ist genau wie meine auch», worauf sie, die es vom Fenster aus gehört hatte, ihm lachend drei Taler hinunterwarf. Ein andermal brachte sie ein Dorfrichter zum Lachen, der dem Fahrer ihrer Galakutsche zugerufen hatte: «Halt mal an, guter Freund, damit ich mit der Königin sprechen kann» – was ihm leutselig gewährt wurde.[52]

Bei den sommerlichen Reisen wurde sie von großem Gefolge und einem langen Train von Gepäckwagen – sie führte stets ihr Bett mit sich – begleitet. Die Städte, durch die sie kam, hatten die Straßen und Fenster geschmückt, Willkommensreden wurden gehalten und Festzüge arrangiert. Wenn sie zur Nacht statt in einem ihrer Schlösser im Haus eines Adligen einkehrte, brachte das für die Gastgeber die Anstandspflicht mit sich, durch kostbare Geschenke, Geschmeide, diamantbesetzte Fächer und dergleichen ihre Dankbarkeit für die ihnen erwiesene Ehre zu bezeigen. Besonders verschwenderisch stattete Graf Leicester im Jahre 1575 einen dreiwöchigen Aufenthalt der Königin in seinem Palast aus, indem er mit Aufführungen, Banketten, Feuerwerk für Unterhaltung und Kurzweil sorgte. Beim Besuch der Universitäten Oxford und Cambridge liebte es Elisabeth, mit den Gelehrten zu disputieren, und hörte die lateinischen oder griechischen Ansprachen interessiert oder geduldig an. Noch mit 67 Jahren mochte sie nicht auf ihre Sommerreise verzichten und fertigte einige besorgte Hofmänner kurz ab: die Alten könnten ja zu Hause bleiben.

Nach ihrer Rückkehr in den Palast von Whitehall, zwischen den Nachbarstädten London und Westminster gelegen, nahm sie die Regierungsgeschäfte wieder auf, aber auch dann ließ sie, wenn es eben ging, ihrer Freude, viele Menschen um sich zu sehen, freien Lauf. Zu den regelmäßig, besonders in der Weihnachtszeit, veranstalteten Spielen, Maskenfesten, Turnieren wurden nicht nur die Hofleute geladen. Bei den Festessen, die in der Großen Halle, meist zu Ehren auswärtiger Gäste gegeben wurden – Elisabeth selbst aß und trank zeitlebens nur mäßig –, konnten Schaulustige von einer Galerie aus die Tafelnden betrachten. Wenn die Königin in der Prozession zu ihrer Kapelle schritt, wurde Neugierigen nicht verwehrt, ihren Weg dorthin zu verfolgen. Auch die Korridore in Whitehall, die zu den Privatgemächern der Monarchin führten, waren für jedermann, einerlei welchen Standes, zugänglich, was ihren Staatsräten in unsicheren Zeiten nicht geringe Sorge machte.

Mittelpunkt der Regierung war der Hof, die Adligen, Räte, Staats- und Hofbeamte, eine Männergesellschaft, in deren Zentrum wiederum, um das sich alles drehte, die Königin stand. An den Hof drängten alle, die Macht, Einfluß, Reichtum oder auch nur ein Amt erstrebten, Männer also von unterschiedlichem Rang und mit vielseitigen Ambitionen und Interessen. Daß eine Frau es vermocht hat, nicht nur die unvermeidlichen Rivalitäten auszugleichen und die gegensätzlichen Temperamente zu zü-

In einem solchen Bett pflegte die Königin zu schlafen; sie nahm es auch auf Reisen mit

geln, sondern alle um sich herum zu beherrschen und zu faszinieren, ist ein so erstaunliches Phänomen, daß man versucht ist, von einem Nachklang mittelalterlichen Minnedienstes zu sprechen.

Die Hofbeamten, nicht aber ihre Frauen, hatten Anspruch auf Wohnung und freien Tisch bei Hofe. Außerdem mußten Hunderte von Bediensteten, die Leibgarde, die Matrosen der Themse-Flottille, die Lakaien, Reitknechte, Hundepfleger und andere verköstigt werden. Man braucht also nicht, wie man es getan hat, die Tausende und Zehntausende von Ochsen, Kälbern, Hammeln, Schweinen und Wildschweinen, Truthähnen und Hühnern zu zählen, die alljährlich am Hofe vertilgt wurden, um zu verstehen, daß Elisabeth in dauernden Zahlungsschwierigkeiten war und mit ihrem Schatzmeister nicht überein kam. – Anwesenheit am Hofe war Pflicht, Urlaub wurde nur selten gewährt und auch nicht oft erbeten, weil der Abwesende Intrigen hinter seinem Rücken befürchtete. Bei Überschreitung des Urlaubs wurde Elisabeth meist sehr ungemütlich.

Als ihr Vetter Lord Hundson über die Zeit ferngeblieben war, schrieb ihm sein Sohn, Elisabeth ist «sehr wütend geworden, sie hat geflucht: Tod und Teufel! und dann gesagt, sie wolle Dich schon kriegen und Deinen Posten einem anderen geben, wenn Du ein solches Spiel mit ihr triebest, denn sie sei nicht gewillt, sich etwas Derartiges bieten zu lassen»[53].

Um vor der Königin zu bestehen oder gar von ihr ausgezeichnet zu werden, mußte ein Hofmann vielfältigen Ansprüchen genügen. Der universale Mensch im Sinne der Renaissance war auch in England das Ideal geworden. Um es zu erreichen, mußte man sich nicht nur ritterlich, im Kriege in Flandern, Frankreich oder auf See hervorgetan haben. Man sollte auch die Universität besucht und fremde Sprachen gelernt haben, über Kunst und Poesie geistvoll plaudern können, mindestens ein Instrument zu spielen verstehen und selbstverständlich ein eleganter Tänzer und Reiter sein. Ließ man sich dann noch anmerken, daß man dem Zauber «Orianas», der Feenkönigin Elisabeth, erlegen war, hatte man Aus-

Hofdamen. Holzschnitt aus Edmund Spensers «Schäfer-Kalender» von 1579

sicht, in den Kreis ihrer Günstlinge aufgenommen zu werden, in dem Leicester zumeist die Rolle des am meisten Begünstigten spielte.

Das gut dotierte Amt, in das ein erfolgreicher Höfling einrückte, brachte andererseits beträchtliche Aufwendungen mit sich; so war es Brauch, der Königin zu Neujahr oder an anderen hohen Festtagen Geschenke zu überreichen. Konnte auch nicht jeder mit einer diamantbesetzten Börse oder einer mit Perlen verzierten Parfumdose aufwarten – der standesgemäße Unterhalt, die notwendige Dienerschaft eingeschlossen, überstieg oft die Einkünfte eines mittleren Hofbeamten. Aber auch Leicester, der den königlichen Marstall mit mehr als 200 edlen Pferden verwaltete, und sich in den späteren Jahren als Organisator auf den Gebieten des Kriegswesens, der Landwirtschaft, des Theaters ausgezeichnet hatte, hinterließ bei seinem Tod 34000 Pfund Schulden, und er war nicht der einzige, der bei der Königin im Debet stand.

Die zwölf Hofdamen Elisabeths, die alle aus ersten Familien kamen, traten vornehmlich in ihrem privaten Bereich auf. Von ihnen ließ sie sich über den Hofklatsch berichten, plauderte mit ihnen über schöngeistige, nie aber über politische Fragen und spielte mit ihnen, wie auch mit ihren Staatsräten, gerne Karten oder Schach. Dann gab es noch sechs Edelfräulein, die weiß gekleidet und meist blutjung waren. Natürlich zogen sie die Blicke und Begehrlichkeiten der Hofmänner auf sich. Aber Liebesaffären duldete ihre Herrin nicht; die an den Fürstenhöfen der Renaissance üblichen freien Sitten galten hier nicht. Die Königin spielte den jungen Damen oft grausam mit, ohrfeigte sie, wenn sie so unvorsichtig waren, von diskreten Neigungen oder gar Heiratsabsichten zu sprechen, und noch strenger verfuhr sie mit den Höflingen, die es gewagt hatten, eine der Schönen zu verführen oder auch nur zu küssen; Raleigh und Oxford mußten deswegen für einige Zeit in den Tower. Vollends unausstehlich wurde Elisabeth, nachdem sie sich seit Alençons Tod als alte Jungfer zu fühlen begann. Als die Tochter des Grafen Arundel ihr gestand, der Vater habe ihr ihren Auserwählten zu heiraten erlaubt, fuhr sie die Kleine an: *Du bist eine Vorwitzige. Ich versichere dir, daß du diesen Mann nie bekommen wirst. Mach, daß du an deine Arbeit kommst.*[54]

Den Hofdamen war ihre Garderobe genau vorgeschrieben, sie sollte möglichst einfach und unauffällig sein, während die Königin, besonders bei offiziellen Anlässen, prunkvolle Kleidung liebte. Zu dem Reifrock, der in den achtziger Jahren nach französischer Mode aufkam, trug sie ein langes Mieder und eine riesige Halskrause. Neben den zeitgenössischen Gemälden gibt die Schilderung eines Franzosen eine anschauliche Vorstellung. «Sie hatte ein Kleid aus weiß und karmesinrot gemusterter Silbergaze an mit geschlitzten, rot gefütterten Ärmeln. Der vordere Teil ihres Kleides stand offen, so daß man ihren ganzen Busen sehen konnte. Überhaupt knöpfte sie ihr Kleid häufig eigenhändig vorne auf, als ob es ihr zu warm wäre. Der Kragen der Robe war sehr hoch und innen mit

Elisabeth I. Stich nach einem Gemälde von Federigo Zucchero

Gehängen aus Rubinen und Perlen geschmückt. Um den Hals trug sie eine Kette, ebenfalls aus Rubinen und Perlen , auch ihre rötliche Perücke schmückte eine dazu passende Kette und viel Gold- und Silberflitter.»[55]

Daß Elisabeth den Hof, mehr noch als ihr Vater, zum Zentrum der monarchischen Gewalt machte, war eine Voraussetzung für die kulturellen Ausstrahlungen, die von England, unter dem Einfluß der italieni-

Das Globe Theatre

William Shakespeare

Das Swan Theatre

schen Renaissance, auf Europa ausgingen. Ihre lebhafteste und aktivste Anteilnahme galt der Musik und dem Theater. Sie spielte selbst meisterhaft Spinett und hatte in ihrer Jugend einige kleine Musikstücke komponiert. Musiker und Komponisten genossen ihre besondere Unterstützung und Förderung. Ihr Knabenchor und ihre Kapelle, die mit 60 Instrumenten ausgestattet war, waren berühmt. Eine Art von Ballett waren die bei ihr beliebten Maskenspiele, in die Lieder eingeflochten waren. Mit ihrer Freude an der Musik und lebhafter Bewegung hing wohl zusammen, daß sie zeitlebens eine leidenschaftliche Tänzerin war; noch wenige Monate vor ihrem Tode tanzte sie mit dem Herzog von Nevers.

Bedeutender noch war die tatkräftige Konsequenz, mit der sie sich für das Theater einsetzte. Bisher war das Schauspiel auf die religiöse Thematik der Mysterienspiele beschränkt gewesen. Die Öffnung hin zu weltlichen Konflikten und Leidenschaften zog ihr die wütenden Proteste gegen die «sittenverderbenden» Darstellungen von seiten der Puritaner zu (die sie erst unter Cromwell wieder vom Spielplan verbannen konnten). 1583 gründete sie ihre eigene Truppe, für die sie, unterstützt von Leicester, Sussex und Oxford, die besten Schauspieler aus dem Land engagierte. Die «Queen Elizabeth's Men» spielten nicht nur am Hofe, sondern unternahmen auch Tourneen durch die Provinzen. Daß es seit dieser Zeit in England ein Volkstheater und feste Theatergebäude gab, ist Elisabeths Aktivität zu verdanken. Ein Konkurrenzunternehmen, die vom Großadmiral Lord Howard 1585 aufgestellte Truppe der «Admiral's Men», widmete sich besonders den Stücken des neben Shakespeare bedeutendsten Dramatikers, Christopher Marlowe («Doktor Faust», «Der Jude von Malta»), führte aber auch die Komödien und Satiren von Ben Jonson auf.

Die «Lord Chamberlains Truppe» schließlich war es, die Shakespeare und seine bedeutendsten Stücke in London bekannt machte. An der Seite ihres Lieblings Essex wohnte Elisabeth der Uraufführung der «Komödie der Irrungen» bei und im gleichen Jahr war sie Ehrengast bei der ersten, aus Anlaß einer vornehmen Hochzeit veranstalteten Vorstellung des «Sommernachtstraum». Aus dieser Truppe ging das 1594 von Lord Hundson südlich der Themse neu organisierte, berühmte Globe-Theater hervor. In ihm wurden im Winter 1601/02 nicht weniger als zehn neue Stücke aufgeführt. – Kenner der Theatergeschichte haben sich gefragt, ob ohne Elisabeth Shakespeare seinen Weltruhm erlangt hätte.[56]

Noch einmal Maria Stuart

Während der zehn Jahre, die Maria Stuart als Gefangene im Schloß Sheffield verbrachte, hatte sie sich oft über unwürdige Behandlung beschwert. Sie wurde zwar scharf bewacht, aber Elisabeth konnte mit Recht darauf hinweisen, daß *ihr auf Unsere Kosten ein Gefolge ihrer eigenen Landsleute, eine Anzahl Lords und Ladies, von denen sie selbst bestimmte, daß sie bei ihr bleiben sollten*[57], belassen worden waren. Über die französische Mitgift, die ihr als Königin-Witwe zustand, konnte sie frei verfügen, und sie tat es, indem sie ihre schottischen Anhänger und aus England verbannte Katholiken unterstützte. Ihre jugendliche Anmut hatte sie in der langen Haft verloren, sie war korpulent geworden, litt an Rheumatismus und konnte nicht mehr reiten. Aber sie war so unbesonnen wie früher; sie scheute sich nicht, die häßlichen Verleumdungen, die die Gräfin Shrewsbury, die Frau ihres Aufsehers, über Elisabeth verbreitete, an diese weiterzugeben und ihr Vorhaltungen zu machen. Auch war sie so unvorsichtig, trotz des englischen Geheimdienstes, von dem sie hätte wissen können, eine eifrige Geheimkorrespondenz mit dem Papst, mit Philipp II. und dem französischen König zu unterhalten.

Ihren Sohn, zu dessen Gunsten sie abgedankt hatte und der nun als Jakob VI. auf dem schottischen Thron saß, hatte sie seit ihrer Flucht nach England nicht wiedergesehen. Auf ihn setzte sie jetzt die Hoffnung, er werde ihre Freilassung erwirken und sich mit ihr in die Regierung Schottlands teilen. Dagegen sprach nicht nur, daß die anglophilen schottischen Lords Maria nicht wiederhaben wollten, sondern mehr noch, daß Jakob dem Schicksal seiner Mutter sehr gleichgültig gegenüberstand; seine eigene Machtposition war ihm wichtiger, und er dachte nicht daran, sie beeinträchtigen zu lassen. In ersten Verhandlungen mit ihm mußte Elisabeth erkennen, daß es mit seiner Sohnesliebe nicht weit her war und daß ein gütliches Arrangement zur Freilassung Marias, wie sie es sich unter gewissen politischen Bedingungen vorgestellt hatte, nicht realisierbar war. Daß die Verhandlungen vollends scheiterten, war nicht zuletzt die Schuld Marias, die nicht aufgehört hatte, mit den Feinden Elisabeths zu konspirieren.

Dem Ersten Staatssekretär Walsingham, der sich auch als Chef des Geheimdienstes betätigte, war es gelungen, geheime Briefe Marias an den französischen Gesandten aufzufangen. Wenn darin auch das «Unternehmen gegen England» nicht erwähnt wurde, waren die Anweisungen für eine Geheimschrift mittels zunächst unlesbar machender Tinte aus verdünntem Alaun oder eines gewissen Büchercodes belastend genug. Durch einen Spion in der französischen Botschaft erfuhr Walsingham, daß Francis Throckmorton dort häufig zur Nachtzeit vorsprach. Er wurde monatelang beobachtet und im November 1583 in seinem Haus verhaftet. Aus seinen Papieren ging hervor, daß er ein Agent Marias war; auch fand man die Namen mitverschworener katholischer Adliger und eine Aufstellung der englischen Häfen, in denen ein Invasionsheer landen konnte. Unter der Folter brach er nach anfänglichem Leugnen zusammen, gestand und wurde hingerichtet. Andere flüchteten oder wanderten in den Tower. Der spanische Gesandte Mendoza, der durch den Inhalt chiffrierter Briefe kompromittiert war, wurde des Landes verwiesen.

In den nächsten Jahren häuften sich Anschläge auf das Leben Elisabeths. In ihrer Beseitigung sahen die Verschwörer die Voraussetzung für das Gelingen eines Umsturzes oder einer Invasion. Das tödliche Attentat im Juni 1584 auf Wilhelm von Oranien, den tatkräftigsten Gegner des Katholizismus neben Elisabeth, rief unter der englischen Bevölkerung große Erregung hervor, die sich noch steigerte, als bald darauf eine weitere Verschwörung aufgedeckt wurde. Der Staatsrat, in höchster Besorgnis um die Sicherheit der Königin, rief einen sogenannten Eidbund ins Leben, dessen Mitglieder sich verpflichten sollten, im Falle eines Mordanschlags auf Elisabeth nicht nur die Schuldigen, sondern auch denjenigen mit dem Tode zu bestrafen, zu dessen Gunsten die Tat unternommen worden war. Das war eher Aufforderung zur Lynchjustiz als ein legales Verfahren, aber im Lande fand es die Zustimmung weitester Kreise. Im Parlament jedoch setzte Elisabeth eine Änderung der Statuten des Eidbundes durch: ein etwaiger Thronprätendent durfte nur hingerichtet werden, wenn ihm die vorherige Kenntnis des Attentatsplans nachgewiesen werden konnte.

Eine zweite Entschließung des Parlaments wurde ohne weiteres angenommen: die Jesuiten und die anderen auswärtigen Priester mußten innerhalb von 40 Tagen England verlassen. Noch während das Parlament tagte, wurde bekannt, daß der Abgeordnete Dr. Parry einen Mordanschlag gegen die Königin geplant hatte, die angeblich während einer Fahrt durch den Park in ihrer Kutsche erschossen werden sollte. Das Unterhaus, die Stimme der Volkswut, forderte, daß Parry gevierteilt und Maria Stuart der Hochverratsprozeß gemacht werden solle. Elisabeth ordnete die Hinrichtung Parrys ohne die grausame Verschärfung an und verbot, auch nur den Namen Marias in diesem Zusammenhang zu nennen. Dem Drängen ihrer Staatsräte, die ihr wieder einmal gefährliche Sorglosigkeit vorwarfen, gab sie insoweit nach, daß sie Maria weiter südlich nach Tutbury in Staffordshire überführen ließ. Ihre Haftbedingungen

Jakob I.
König von England
und Schottland,
Sohn Maria Stuarts

wurden verschärft, sie durfte das Schloß nicht ohne Begleitung verlassen und keine Post mehr absenden oder empfangen.

Sodann nahm Elisabeth die Verhandlungen mit Jakob über ein Bündnis wieder auf. Der schottische König hatte sich in den letzten Jahren ihr gegenüber widerspruchsvoll verhalten. Im Juli 1585 schrieb sie ihm: *Liebwerter Bruder, die freudige Annahme meiner Euch angebotenen Freundschaft und Euer Entschluß, sie durch Taten auch zu verdienen, lassen mich der Überzeugung leben, daß von nun an so mancher Feind Unserer Zuneigung Euch gegenüber umsonst seine verführerischen Machenschaften spielen lassen wird, die, wie ich weiß, zahlreich sind und auf vielerlei Art erkundet werden müssen ... Wir alten Füchse verstehen uns auf Schliche, um uns vor der Bosheit anderer zu schützen, und ergründen die tiefsten Geheimnisse, besonders wenn es sich dabei um unser Reich handelt. Es ziemt sich deshalb für unseren ganzen Stand, aufrichtig zu handeln ... doch entspringt mein Schreiben, mein lieber Bruder, nicht irgendwelchen Zweifeln ...* [58] Von Maria war in dem Schreiben verständlicherweise nicht die Rede, denn Jakob hatte sich offen gegen eine englische Thronfolge seiner Mutter ausgesprochen.

Indessen gingen die Verschwörungen gegen Elisabeth weiter, der Herzog von Guise hatte einen Preis auf ihren Kopf ausgesetzt und Mörder gedungen, doch der englische Geheimdienst war wachsam und erfinderisch und stellte Maria eine Falle. Einer ihrer Agenten wurde von Walsingham «umgedreht» und dazu gebracht, dem französischen Gesandten einen angeblich sicheren Weg zum Briefverkehr mit Maria zu zeigen. Ein Brauer, der ihren Haushalt mit Bier belieferte, würde in den Fässern einen wasserdichten Behälter anbringen, in dem Mitteilungen versteckt werden konnten. Erste Versuche zerstreuten anfängliche Zweifel in die Sicherheit des Verfahrens. Maria, die seit zwei Jahren von der Außenwelt abgeschnitten war, ließ sich alle Briefe kommen, die seitdem für sie in der französischen Botschaft lagen; in ihnen waren genaue Pläne für die Ermordung Elisabeths und für eine Landung ausländischer Truppen in England niedergelegt. Weder sie noch der französische Gesandte ahnten, daß die Sendungen auf dem Hin- und Rückweg, bevor sie den Empfänger erreichten, an Walsingham, der sie dechiffrieren ließ, übergeben wurden.

Der letzte Brief, den Maria auf diese Weise erhielt und zustimmend bestätigte, kam von einem jungen Katholiken namens Anthony Babington, der für die schottische Königin schwärmte und sich bereit erklärte, mit sechs katholischen Edelleuten, die sich durch die Exkommunikation Elisabeths von ihrem Loyalitätseid entbunden fühlten, die «tragische Hinrichtung» zu vollziehen. Als die Verhaftung der Verschwörer, die sich zunächst in ein Versteck geflüchtet hatten, bekannt wurde, brach in den Straßen Londons ein rasender Jubel aus. Freudenfeuer und anhaltende Hochrufe zeigten die Liebe und Verehrung, die die Königin bei ihren Untertanen genoß. Vierzehn der Verräter wurden – diesmal kannte Elisabeth kein Erbarmen – auf die grausamste Art hingerichtet.

Für den Staatsrat war entscheidend wichtig, daß die Mitwisserschaft Marias an den Komplotten nun bewiesen war. Sie sollte sogleich in den Tower gebracht werden, aber dagegen erhob Elisabeth Einspruch. Sie stellte die Geduld der Richter und Rechtsgelehrten auf eine harte Probe, indem sie ihr altes Argument vorbrachte, eine gesalbte Herrscherin sei keinem irdischen Gericht unterworfen. «Gäbe Gott», stöhnte Walsingham, «Ihre Majestät überließe diese Dinge ruhig denen, die sie am besten beurteilen können, wie es andere Fürsten auch tun.»[59] Maria wurde nach Fothering Castle in der Grafschaft Northampton gebracht und der Prozeß gegen sie vorbereitet. Elisabeth schrieb ihr am 6. Oktober einen Brief, dessen Echtheit von einigen Forschern bezweifelt wird, der aber dennoch hier wiedergegeben sei: *Auf mannigfache Art und Weise habt Ihr mir nach dem Leben getrachtet und versucht, durch Blutvergießen mein Königreich zu vernichten. Nie bin ich so grausam gegen Euch vorgegangen, sondern habe Euch immer geschützt und Euch geholfen. Euer Verrat wird Euch nachgewiesen und aller Welt offenbar werden. Es ist mein Wille daß Ihr den Edlen und Pairs des Königreichs antwortet, als wäre ich selbst zugegen ... Seid offen und ohne Hinterhalt, so werdet Ihr um so eher Gnade von mir erlangen. Elisabeth*[60]

Am 11. Oktober 1586 wurde in der Großen Halle von Fotheringhay die Gerichtsverhandlung gegen Maria eröffnet. Der Kommission, die von Burghley und Walsingham geleitet wurde, gehörten 36 Peers, Staatsräte und Richter an. Maria war nach anfänglicher Weigerung unter dem Vorbehalt erschienen, sie werde den Spruch des Gerichts nicht anerkennen. Die Anklage, daß sie an der versuchten Ermordung der Königin mitschuldig sei, stützte sich auf ihre geheime Korrespondenz und das Geständnis Babingtons. Maria trat mit großer Würde auf, sie leugnete alles und zog sich zuletzt auf den hoheitsvollen Standpunkt zurück, kein gewöhnlicher Sterblicher habe das Recht, am Wort einer Fürstin zu zweifeln.

Nach zwei Tagen befahl Elisabeth der Kommission, nach London zurückzukehren und das Urteil zu vertagen. Dann änderte sie ihren Entschluß, willigte in eine erneute Prüfung des Beweismaterials ein und erkannte den Schuldspruch der Kommission an. Ihre Unentschiedenheit, der Konflikt ihrer Gefühle, steigerte sich in der Folge bis zur Unfähigkeit, eine Entscheidung zu treffen und an ihr festzuhalten. An der Schuld Marias, die eine gerechte Strafe erforderte, konnte sie nicht zweifeln, dann aber sann sie doch wieder auf eine Möglichkeit, die Hinrichtung zu vermeiden oder auf unbestimmte Zeit zu verschieben. Der Tagung des Parlaments Ende Oktober blieb sie fern. Beide Häuser stimmten für die sofortige Hinrichtung Marias. Der Abordnung, die Elisabeth den Beschluß mitteilte, antwortete sie, man solle erneut beraten, ob kein Ausweg möglich sei, was vom Parlament verneint wurde. Am 2. Dezember veröffentlichte Elisabeth das Urteil, ohne es jedoch zu unterzeichnen.

Maria, die die Nachricht von ihrer Verurteilung ruhig entgegengenommen hatte, bat Elisabeth, für ihre Diener zu sorgen und schloß mit dem Satz, sie erleide den Märtyrertod um ihres Glaubens willen. Elisabeth schluchzte, als sie den Brief las. Leicester, darüber beunruhigt, unterrichtete Walsingham: «Es kam ein Brief von der schottischen Königin, der Tränen hervorrief, aber hoffentlich nicht noch mehr bewirkt – die Verzögerung ist zu gefährlich.»[61]

Beunruhigt und ungeduldig war inzwischen auch die Bevölkerung, zumal Gerüchte umliefen, eine spanische Armee sei im Norden gelandet. Elisabeth, die immer noch zögerte, konnte sich auf die Dauer dem anhaltenden Beschwörungen ihrer Berater nicht verschließen. Da Walsingham krank war, ließ sie sich Anfang Februar von dessen Staatssekretär William Davison den Vollstreckungsbefehl bringen und unterzeichnete ihn mit der Weisung, ihn zum Lordkanzler zu bringen, damit er ihn mit dem großen Staatssiegel versehe; es solle aber möglichst heimlich vor sich gehen. Am nächsten Tag sagte sie zu Davison, er solle nicht zum Lordkanzler gehen, sie wolle erst noch einmal mit ihm sprechen. Als sie hörte, die

Die Hinrichtung Maria Stuarts in Fotheringhay

Urkunde sei bereits gesiegelt, fuhr sie den bestürzten Staatssekretär an: *Warum diese Hast?*

Davison, neu im Amt und unerfahren im Umgang mit der Königin, eilte zu Burghley und schilderte ihm seine verfängliche Lage. Dieser rief am 7. Februar zehn Staatsräte zu sich und trug ihnen vor, man müsse den beurkundeten Willen der Königin vollstrecken, denn es bestehe die Gefahr, daß sie noch einmal anderen Sinnes werde; doch sollte das Notwendige ohne ihr Wissen geschehen. Alle Anwesenden stimmten zu. Der Befehl wurde nach Fotheringhay geleitet mit der Anweisung, die Vorbereitungen für die Hinrichtung zu treffen.

Am folgenden Tag, dem 8. Februar 1587 morgens gegen 9 Uhr, wurde Maria Stuart in die Schloßhalle geführt, wo ein hölzernes Gerüst errichtet worden war und sich etwa dreihundert Zuschauer eingefunden hatten. Maria war bis auf einen weißen Schleier ganz in Schwarz gekleidet und hielt ein Kruzifix in der Hand, am Gürtel trug sie ihren Rosenkranz. Die geistlichen Ermahnungen des Dechanten von Peterborough verbat sie sich: «Stören Sie mich nicht! Ich habe mit Ihnen nichts zu tun.» Zu den Grafen von Shrewsbury und Kent, die sie bewegt baten, die Kirche von England anzuerkennen und ihre Seele zu retten, sagte sie: «Mylords, wenn Ihr für mich beten wollt, danke ich Euch, aber ich kann meine Gebete nicht mit den Euren vereinen, weil wir nicht die gleiche Religion haben.»[62] Von ihrer Dienerschaft verabschiedete sie sich weinend und kniete dann ruhig und ständig betend vor dem Richtblock nieder. – «Zu regieren verstanden die Stuarts nicht, aber sie verstanden zu sterben.»[63]

Als der Henker ihr abgeschlagenes Haupt dem Volk zeigte, blieb eine braune Perücke in seiner Hand; das Haar der Vierundvierzigjährigen war in der zwanzigjährigen Haft ganz grau geworden und kurz geschoren. Unter ihrem langen Rock kam ihr Schoßhund, ein kleiner Skye-Terrier, hervorgekrochen und legte sich neben ihre Schultern in die Blutlache.

Die Bürger Londons brachen in Jubel aus, als die Hinrichtung bekanntgemacht wurde. Was Elisabeth betrifft, kann man schwerlich bestreiten, daß ihre Reaktion auf den würdigen Tod ihrer Feindin würdelos war, jedenfalls läßt sie jeden Zug von Größe vermissen. Zunächst konnte sie vor lauter Kummer nicht essen und schlafen. Dann richtete sich ihr – echter oder gespielter – Zorn gegen die Staatsräte, denen sie eigenmächtiges und vorschnelles Handeln vorwarf. Burghley, in Ungnade gefallen, verließ für einige Zeit den Hof. Zum eigentlichen Sündenbock wurde Davison gestempelt, er mußte für anderthalb Jahre in den Tower.

Um der Staatsräson vollends Genüge zu tun, erklärte Elisabeth Heinrich III. und Jakob VI., das Urteil sei gegen ihre Absicht und ohne ihren Willen vollstreckt worden. Die Erregung in Frankreich und Schottland ebbte auch bald ab, und in England hatte ihre Beliebtheit nur zugenommen. Hier war der katholischen Bewegung der Boden entzogen, die Reformation hatte sich endgültig durchgesetzt.

Krieg mit Spanien

In der Geschichte sind die Namen der meisten großen Herrscher mit militärischen Siegen, bisweilen auch Niederlagen, verknüpft. Elisabeth hat es nie nach kriegerischem Lorbeer gelüstet; vielleicht weil sie eine Frau war, sicher aber, weil sie ihr finanzschwaches Land nicht dem Risiko eines wirtschaftlichen Ruins aussetzen wollte. In 30 Regierungsjahren hatte sie, abgesehen von dem kurzen Krieg in Schottland (1560) und der Expedition nach Le Havre (1562), den Frieden aufrechterhalten können. Als ihr 1585 die Niederländer, vom Herzog von Parma schwer bedrängt, die Souveränität über ihre Provinzen anboten, lehnte sie ab. Den sonst unausweichlichen Krieg mit Spanien hoffte sie zu vermeiden, indem sie sich damit begnügte, die Niederlande unter ihren «Schutz» zu nehmen und in einer Deklaration die europäischen Höfe wissen ließ, sie gehe nicht auf Landgewinn aus, sondern wolle im Interesse der europäischen Stabilität nur dafür sorgen, daß die Niederländer ihre alten Freiheiten, die sie vor der spanischen Besetzung genossen hätten, wiedererlangten. Die Stärke ihres Selbstbewußtseins geht aus der Äußerung hervor, die sie gegenüber dem schottischen Gesandten tat: *Ich habe mehr Angst vor einem Fehler in meinem Latein als vor den Königen von Spanien, Frankreich, Schottland und dem ganzen Haus Guise samt ihren Verbündeten. Ich besitze das Herz eines Mannes und nicht das einer Frau und fürchte mich vor nichts.*[64]

Sie schickte denn auch ein Heer unter dem Oberbefehl von Leicester, dessen Befähigung für einen solchen Posten nicht nur von anderen, sondern auch von ihm selbst bezweifelt wurde, in die Niederlande. Dort bewies er nicht nur seine Unfähigkeit als Feldherr, sondern beging auch einen fatalen Fehler: er nahm die ihm als Statthalter der Königin angebotene absolute Herrschaft über die Provinzen von Holland, Seeland, Friesland und Utrecht an. Elisabeth, die sich mit ihrer jüngst erlassenen Deklaration als Heuchlerin bloßgestellt sah, tobte: ... *die Hand, die ihn so hoch erhoben habe, könne ihn auch wieder in den Staub stoßen.* Leicester schrieb zerknirschte Briefe und konnte in den Niederlanden bleiben, wo er sich nach dauernden Mißerfolgen des immer mehr Geld verschlingenden Feldzugs um Friedensverhandlungen mit dem Herzog von Parma bemühte. Nach einem Jahr kehrte er, wieder in Gnaden aufgenommen, nach London zurück.

Ihr glückloses Engagement in den Niederlanden glaubte Elisabeth durch einen Friedensvertrag mit Parma zu einem erträglichen Abschluß bringen zu können. Dazu kam es nicht. Statt dessen häuften sich die Nachrichten, daß Philipp zum Krieg rüste und große Flottenverbände zusammenziehe. Spätestens seit dem Tod Maria Stuarts war man sich in England darüber im klaren, daß das Jahrzehnt des kalten Krieges mit Spanien zu Ende gehe und eine Invasion nahe bevorstehe. Die Lage war so bedrohlich wie nie zuvor seit Elisabeths Thronbesteigung. Dem Riesenreich Spanien mit dem unermeßlichen Reichtum seiner Kolonien stand ein Ackerbauland von höchstens vier Millionen Einwohnern, mit spärlicher Industrie und ohne stehendes Heer gegenüber, das sich bisher nur durch seine Insellage und eine vorsichtig-zurückhaltende Politik behauptet hatte. «Die Geschicke der Menschheit» – so Leopold von Ranke – «lagen auf der Waagschale.»

Die Regierung ließ in den Grafschaften Truppen ausheben und an der Küste Beobachtungsposten und Leuchtfeuer stationieren. Im Gegensatz zu dem schlecht ausgebildeten Milizheer, das sich nirgends bewährt hatte,

Die englische Flotte gegen die spanische Armada

Sir Francis Drake

war die Marine schon seit Heinrich VIII. neu organisiert und auf eine moderne Kriegführung umgestellt worden. Die schwer beweglichen Galeeren hatte man durch schlanke, leicht manövrierbare Schiffe ersetzt und auf der Breitseite mit weitreichenden Geschützen bestückt. In den letzten zwanzig Jahren waren dadurch die Ausgaben für die Marine von 10000 Pfund im Jahr auf über 150000 Pfund gestiegen, aber Elisabeth, sonst von äußerster Sparsamkeit, vertraute der Erfahrung ihres Marine-Schatzmeisters, Sir John Hawkins, ebenso wie dem alten Freibeuter Francis Drake. Diesen ermächtigte sie im April 1587, mit einem kleinen Geschwader die spanischen Galeonen, die sich in Lissabon vereinigen wollten, in ihren Häfen anzugreifen, Drake drang in den stark befestigten Hafen von Cádiz ein, setzte die dort liegenden Schiffe in Brand und vernichtete Tausende Tonnen von Vorräten. Auf der Rückfahrt kaperte er ein portugiesisches, von Ostindien kommendes Schiff, das eine Ladung im Wert von 140000 Pfund an Bord hatte. «El Draque», der Drache, wie ihn die Spanier nannten, hatte nicht nur «dem spanischen König den Bart versengt», sondern auch dessen geplante Invasion um ein Jahr hinausgeschoben.

Nach diesem Plan sollte sich die Armada, eine gewaltige Flotte von 132 Schiffen mit schwerer Artillerie und Matrosen und Landungsmannschaften in Stärke von 30000 Mann, an der Themsemündung mit dem Invasionsheer des Herzogs von Parma, dessen Transportschiffe vor Dünkirchen lagen, vereinigen. – Am 19. Juli umschiffte die Armada Kap Lizard an der Südwestküste Englands. Die englische Flotte unter dem Oberbefehl von Lord Howard lief am 21. Juli aus dem Hafen von Plymouth aus.

Resolution des «Council of War» vom 1. August 1588 über die Verfolgung der spanischen Armada

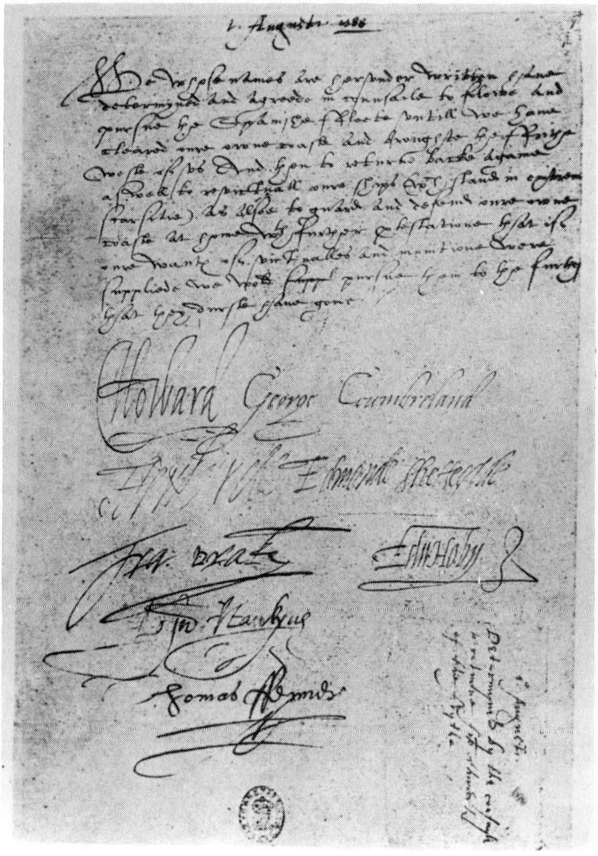

Nach kleineren Gefechten im Kanal ankerten die Spanier am 28. Juli auf der Höhe von Calais. In der Nacht ließ Howard, vom Wind begünstigt, «Brander» gegen sie treiben. Es waren dies Schiffe voll Teer und anderem leicht brennbarem Material mit doppelt geladenen Kanonen, die bei der großen Hitze explodierten und unter den spanischen Schiffen Verwüstung und Verwirrung anrichteten. Im Morgengrauen des nächsten Tages kam es zur Schlacht, bei der die Spanier ungeheure Verluste erlitten, während die Engländer nur 60 Mann und kein einziges Boot verloren. Die schwerfälligen Schiffe der Armada mit ihren turmartigen Aufbauten waren dem Angriff der schnellen und wendigen englischen Kriegsschiffe nicht gewachsen. Der Rest der Armada wurde durch Sturmböen ostwärts aus dem Kanal in die Nordsee getrieben. Zunächst von den Engländern verfolgt und durch Schiffbrüche und Hungersnot weiter dezimiert, segelten die Spanier an der Ostküste Englands und Schottlands vorbei im großen Bogen um die Orkney-Inseln heimwärts. Knapp die Hälfte der Schiffe und nur ein Drittel der Mannschaft erreichte Spanien.

In England hielt man auch nach der katastrophalen Niederlage der Armada eine Landung des Herzogs von Parma für möglich und hatte zur Abwehr eine Armee bei Tilbury bereitgestellt. Im August inspizierte Elisabeth die Truppen, an denen sie «wie eine Amazonenkönigin» vorbeiritt. Die Ansprache, die sie dann hielt, war ein Meisterstück ihrer rhetorischen Kunst und löste bei den Soldaten begeisterten Jubel aus: *Mein geliebtes Volk! Uns rieten einige, die um unsere Sicherheit besorgt sind und Verrat fürchteten, wir sollten uns sehr in acht nehmen, wenn wir uns unter bewaffnete Mengen begeben. Aber ich versichere Euch, so lange ich lebe, kenne ich kein Mißtrauen meinem geliebten und treuen Volk gegenüber. Mögen Tyrannen Angst haben, ich habe immer meine größte Stärke und meinen sichersten Schutz in den treuen Herzen und dem guten Willen meiner Untertanen gefunden. Und deshalb bin ich auch jetzt zu Euch gekommen, weil ich entschlossen bin, inmitten der Hitze der Schlacht mit Euch allen zu leben oder zu sterben und für meinen Gott, für mein Reich, für mein Volk meine Ehre und mein Blut darzubringen. Ich weiß, ich habe nur den Körper einer schwachen Frau, aber ich habe das Herz und den Mut eines Königs, und zwar eines Königs von England! Ich spotte der Vorstellung, daß Parma oder Spanien oder sonst ein Fürst von Europa es wagen sollte, die Grenzen meines Reiches zu überschreiten. Ehe solche Schande über mein Land kommt, will ich lieber selbst die Waffen ergreifen und Euer General sein, und jeden belohnen nach den Tugenden, die er im Felde zeigt. Darauf gebe ich Euch mein Königswort.*[65]

Elisabeth blieb noch eine Weile im Lager, bis jede Gefahr einer Invasion vorüber war. Nach London zurückgekehrt, wurde sie von der Bevölkerung mit Dankgottesdiensten und feierlichen Umzügen empfangen, wobei Leicester stets an ihrer Seite war. Beiden ging es gesundheitlich nicht gut. Leicester wollte zur Kur nach Buxton reisen, wurde aber unterwegs in Ricote von heftigem Fieber befallen. Von dort, wo ihm Lady Norris ein sonst für die Königin reserviertes Zimmer einräumte, schrieb er Ende August an Elisabeth: «Ich bitte Eure Majestät, einem alten Diener verzeihen zu wollen, daß er die Kühnheit besitzt, sich nach dem Befinden seiner gnädigen Herrin zu erkundigen und zu fragen, ob Ihre Schmerzen nachgelassen haben; denn dies ist für mich das Allerwichtigste auf der Welt, weshalb ich auch täglich für sie um Gesundheit und ein langes Leben bete ... Ich küsse in Demut Eure Füße. Geschrieben in Eurem Zimmer in Rycott am Donnerstagmorgen. Eurer Majestät treuester und untertänigster Diener R. Leicester.»[66]

Eine Woche später starb Leicester, der Mann, mit dem sie, auch nachdem die frühe Leidenschaft abgeklungen war, fast 30 Jahre lang bei allen Wechselfällen am innigsten und beständigsten verbunden war. Wie sie die Nachricht aufgenommen und ob sie, wie aus zweifelhafter Quelle verlautet, sich tagelang eingeschlossen hat, ist ungewiß; erst nach ihrem Tode fand man in einer Schatulle an ihrem Bett Leicesters Schreiben, auf dem sie vermerkt hatte: *Sein letzter Brief.*[67]

So triumphal das Jahr 1588 für England war, die Entscheidung im Krieg mit Spanien hatte es nicht gebracht, nur die größte Gefahr war abgewendet worden. Der Kriegszustand überdauerte nicht nur das Leben Philipps II. (gest. 1598), sondern auch das Ende Elisabeths. Wie gerne sie damals ihn beendet hätte, zeigt die Eile, mit der sie, kaum daß die Festlichkeiten verrauscht waren, Heer und Flotte demobilisierte. *Soldaten im Frieden*, sagte sie zu Burghley, der bisher meist die Kriegspartei unterstützt hatte, *sind so unnütz wie Kamine im Sommer.*[68]

Elisabeth I. Silbermedaille zum Gedenken an die spanische Armada

Essex, Günstling und Rebell

Von Frieden indessen konnte nicht die Rede sein, nur die Art der Kriegführung und die Schauplätze verlagerten sich. Zunächst nach Frankreich, wo Heinrich von Navarra als Heinrich IV. den Thron bestiegen hatte und gegen die katholische Liga um seine Krone kämpfte. Elisabeth sandte ihm, der ebenso tapfer wie arm war, ein Darlehen von 20000 Pfund und schickte ein kleines Heer in die Normandie, zur Unterstützung bei der Eroberung von Rouen, die jedoch – davon später – mißlang. – Während Elisabeth und Burghley jetzt mehr an eine Konsolidierung der Staatsfinanzen dachten, forderte das Parlament, beschwingt durch den Sieg über die Armada, den Angriffskrieg gegen Spanien. Die hervorstechendsten Vertreter dieser Politik waren zwei Männer der jungen Generation, die nun zur Aktion drängte: Sir Walter Raleigh und Lord Robert Essex.

Raleigh, von einfacher Herkunft, aber «sträflicher Hoffart», hatte dank Elisabeths Gunst, die ihn 1585 adelte, zwei Jahre später zum Befehlshaber der Leibgarde machte und ihm Privilegien und Monopole zuschanzte, einen meteorhaften Aufstieg genommen. Robert Devereux, Earl of Essex, ein Mitglied der Hocharistokratie und auch mit der Königin verwandt, war der Stiefsohn Leicesters. Dieser hatte ihn während des niederländischen Feldzugs zum Ritter geschlagen und 1587 den damals Zwanzigjährigen an den Hof gebracht. Elisabeth, die ihn von Kind auf kannte, war von dem impulsiven, anmutigen, höfisch-gebildeten Edelmann mit den schönen Händen und dem kastanienbraunen Haar, in dem sie das Ideal romantischen Rittertums verkörpert sah, so bezaubert, daß sie tagsüber lange Spazierritte mit ihm durch die waldige Umgebung Londons machte und sich an den Abenden von ihm provenzalische Canzonen zur Laute vorsingen ließ. Danach spielten sie oft bis zum Morgengrauen Schach oder Karten oder, wie böse Zungen munkelten, ein anderes Spiel. Eine seltsame Liebesfreundschaft, die die Fünfundfünfzigjährige zu dem hübschen Jungen, der ihr Sohn hätte sein können, hinzog.

Aber das sommerliche Idyll währte nicht ewig. Elisabeth war nicht die Frau, die über ihrem Vergnügen den Kopf verlor, und sie war nicht blind gegenüber den Mängeln ihres neuen Günstlings: seiner Launenhaftigkeit und, noch schlimmer, seiner krankhaften Eifersucht. Einen Zusammenstoß mit Raleigh konnte sie schlichten, aber als er einen vermeintlichen

Sir Walter Raleigh. Anonyme Miniatur

Rivalen, Charles Blount, den die Königin für eine glänzende Turnierleistung ausgezeichnet hatte, beleidigte und in dem daraus folgenden Duell verwundet wurde, wetterte sie: *Tod und Teufel, es wäre an der Zeit, daß jemand ihn mal gründlich vornähme und ihm bessere Manieren beibrächte, sonst ist mit ihm nicht auszukommen!*[69] Doch dauerte es nicht lange, bis er aufs neue den, diesmal heftigeren, Unwillen seiner Herrin erregte.

Dem Drängen der englischen Kriegstreiber stand die Finanznot des

Staates entgegen. Einen Ausweg aus diesem Dilemma dachte die Königin zu finden, indem sie den Angriff auf See verlegte und ein Konsortium für einen Kaperkrieg gründete, an dem sich auch wohlhabende Patrioten beteiligten. Den Oberbefehl über die Flotte übertrug sie Francis Drake, dessen frühere Erfolge unvergessen waren. Essex, der verschwenderisch lebte, erhoffte sich von einer Teilnahme an der Expedition eine Rettung aus seinen ständigen Geldnöten. Ohne Erlaubnis verließ er im April 1589 seinen Posten als Oberstallmeister, zu dem ihn Elisabeth gemacht hatte, und begab sich von Plymouth an Bord eines königlichen Schiffs, das vor der Flotte in See stach. Elisabeth sandte ihm in heller Empörung einen Brief nach: *Essex, Ihr könnt Euch wohl vorstellen, daß Wir in Eurer plötzlichen und ungeziemenden Entfernung vom Hof und von Eurem Posten eine schwere Beleidigung für Uns sehen. Die große Gunst, die Wir Euch ohne Euer Verdienst geschenkt haben, hat Euch wohl zu einer derartigen Pflichtvergessenheit verführt ... Wir verlangen und befehlen, daß Ihr unverzüglich und auf der Stelle zu Uns zurückgekehrt, um hier Unser weiteres Belieben entgegenzunehmen. Wollt Ihr Euch nicht Unseren Zorn zuziehen, so hütet Euch vor weiterem Ungehorsam, der für Euch die allergrößte Gefahr bedeutet.*[70]

Der Brief erreichte Essex erst nach seiner Rückkehr von der Expedition, die außer der Zerstörung einiger spanischer Schiffe so wenig erreicht hatte, daß Drake seinen Abschied nahm. Zwischen Essex und der Königin gab es eine rasche Versöhnung. Elisabeth ließ sich die Anbetung ihres jugendlichen Verehrers wieder gerne gefallen und genoß die Ergüsse seiner romantischen Briefe. Als sie erfuhr, daß er heimlich die Tochter von Francis Walsingham geheiratet hatte, war ihre Entrüstung nur von kurzer Dauer. «Sehr bald sagte sie sich, daß die Beziehungen zwischen ihr und ihrem Ritter einzigartiger Natur seien ... und eine Königin wohl eine Gattin ignorieren könne» (Lytton Strachey). Unerbittlich dagegen zeigte sie sich, als bekannt wurde, daß Raleigh eines ihrer Edelfräulein, die junge Bess Throckmorton, verführt und, da sie ein Kind erwartete, ohne ihre Genehmigung geheiratet hatte. Das Paar mußte für zwei Monate in den Tower, und Raleigh blieb längere Zeit vom Hofe verbannt.

1591 bat Heinrich IV., dem seine Gegner immer noch den Weg in seine Hauptstadt Paris versperrten, Elisabeth inständig um militärische Unterstützung in der Normandie. Er war ein tapferer und einfallsreicher Mann, bestechend liebenswürdig, aber von genialer Unzuverlässigkeit und dachte gar nicht daran, das englische Darlehen zurückzuzahlen. Aber für Elisabeth ging es auch hier um den Kampf gegen Spanien, das die katholische Liga stützte und ein Heer in der Bretagne gelandet hatte, das die Kanalhäfen bedrohte.

Essex sah hier ein neues Feld für seinen Tatendrang. Aber erst nach langem Bitten – er soll zwei Stunden lang vor der Königin auf den Knien

Robert Devereux, 2. Earl of Essex

gelegen haben – erlaubte sie ihm widerwillig, das Kommando über die Truppen in der Normandie zu übernehmen. Essex benahm sich dabei so unbesonnen, wie Elisabeth befürchtet hatte. Da Heinrich IV. entgegen seinem Versprechen nicht an der Belagerung von Rouen teilnahm, unternahm er einen tollkühnen Ritt durch Feindesland, um den französischen König in Compiègne zu besuchen – und mit ihm Wettspringen zu veranstalten. Vor Rouen dann, wo sein jüngerer Bruder fiel, focht er tapfer, aber erfolglos. Auf einen Brief der Königin, die ihm die *Unzulänglichkeit* seiner Unternehmungen vorhielt, antwortete er mit Liebesbeteuerungen: «Die beiden Fenster Eures Privatgemachs sind die Pole meines Himmels, an dem ich, solange Eure Majestät mich haben wollen, fest und unbeweglich stehen werde ... Solange mir gestattet ist zu sagen ‹Ich liebe Euch› wird mein Glück und meine Freude ohnegleichen sein.»[71] Seine letzte Tat, bevor er sich nach England einschiffte, war die Herausforderung des Gouverneurs von Rouen zum Zweikampf – eine romantisch-veraltete Geste, für die er den sanften Spott der Königin erntete.

An den Hof zurückgekehrt, konnte er sich wieder in ihrer Gunst sonnen. An ihrem 60. Geburtstag, bei dem die Höflinge ihr fast jugendliches Aussehen bewunderten, ließ sie ihn nicht von ihrer Seite. Im gleichen Jahr wurde er in den Staatsrat aufgenommen, in dem er bald als Spezialist für auswärtige Angelegenheiten galt. Indessen gab es immer wieder Verstimmungen zwischen den beiden, sei es, daß Essex sich zu gebieterisch aufspielte, sei es, daß es Elisabeths Herrschgelüste befriedigte, wenn er gekränkt in Tränen ausbrach und sich schmollend entfernte, um bei seiner Rückkehr mit lachenden Vorwürfen oder derben Flüchen empfangen zu werden.

Dann aber traf seine Eigenliebe ein harter Schlag. Essex hatte sich zum Gönner von Francis Bacon, dem überaus gescheiten Literaten und bedeutenden Philosophen, gemacht und sich dafür verbürgt, ihm das Amt des Kronanwalts zu verschaffen. Nach langem Hin und Her und vielen Disputen mit der Königin endete es damit, daß sie einen anderen ernannte. Dazu kam, daß er sich in dem Kampf um die Macht auch mit Burgleigh angelegt hatte. Der einundsiebzigjährige, schwer von Gicht geplagte Staatssekretär hatte es, gegen den Willen von Essex erreicht, daß sein in jeder Beziehung schmächtiger Sohn Robert, zwar nicht dem Namen nach, aber in der Tat sein Nachfolger wurde. Essex hatte eine schwere Einbuße an seinem Prestige erlitten.

Im Krieg gegen Spanien gingen die halboffiziellen englischen Kaperfahrten weiter, die Philipp II. zunehmend beunruhigten. Als 1595 vier spanische Galeonen von der Bretagne aus in Cornwall landeten, einige Orte in Brand setzten und wieder verschwanden, war das zwar nur ein Handstreich, zeigte aber, daß die Küsten Englands nicht gesichert waren. Essex, der seit langem für eine Aktivierung des Krieges war, forderte daraufhin, die spanische Flotte in ihren Heimathäfen anzugreifen. Zugleich wollte er ein englisch-französisches Kampfbündnis herbeiführen. Um Elisabeth aus ihrer Unentschlossenheit zu reißen, konspirierte er mit Heinrich IV., der auf seinen Rat durchblicken ließ, er könne mit Spanien Frieden schließen. Darauf versprach ihm Elisabeth, weitere Truppen zu schicken, verband das aber mit der merkwürdigen Forderung, er solle ihr dafür Calais überlassen. Der französische König wies die Zumutung mit den entrüsteten Worten ab: «Ich kann mich ebensogut von einem Hund beißen lassen, wie von einer Katze kratzen.»[72] Er hatte aber bei seiner

Charles Howard of Effingham, später 1. Earl of Nottingham, ein Vetter der Königin

Drohung wohl nicht damit gerechnet, daß wenige Wochen später ein spanisches Heer Calais einnehmen würde.

Jetzt endlich entschloß sich Elisabeth zur Offensive, aber nicht gegen Calais, sondern gegen Cádiz. Zu Befehlshabern der Kriegsflotte, denen Raleigh, wieder in Gnaden aufgenommen, untergeordnet war, ernannte sie Essex gemeinsam mit dem Lordadmiral Howard of Effingham. Am 3. Juni 1596 stach die Flotte in See und langte Ende Juni in der Bucht von Cádiz an. Dort lagen 50 Schiffe der Schatzflotte aus Peru mit einer Ladung von unermeßlichem Wert an Bord. Bei dem völlig überraschenden Erscheinen der Engländer flüchteten sie ins Hafeninnere. Unter Anführung von Essex, der dabei größten Wagemut bewies, wurden die Stadtmauern mit Leitern gestürmt. In vierzehn Stunden waren Hafen und Stadt genommen. Aber die westindische Flotte wurde zuvor von dem Herzog von Medina-Sidonia, der einst die Armada befehligt hatte, in

Robert Devereux, 2. Earl of Essex. Gemälde, Marcus Gheeraerts zugeschrieben

Brand gesteckt – ein ungeheurer Verlust zwar für Spanien, aber kein Gewinn für England.

In der Stadt, deren Einwohner um ihr Leben bangten, bewies Essex schöne Menschlichkeit. Er verbot jede Plünderung und Ausschreitung, verschonte Kirchen und Priester und ließ 3000 Nonnen ins Landesinnere bringen. Einen so ritterlichen Ketzer habe er noch nicht gesehen, soll Philipp II. gesagt haben. Der Vorschlag von Essex, sich in der Stadt festzusetzen, wurde vom Kriegsrat abgelehnt. Die Wälle und Befestigungen wurden geschleift und der Bürgerschaft ein hohes Sühnegeld auferlegt. Nach zwei Wochen verließen die Engländer Cádiz; auf der Rückfahrt entlang der portugiesischen Küste machten sie bei einem Überfall auf die Hafenstadt Faro stattliche Beute.

In England wurde Essex im Triumph empfangen. In den Augen des Volkes war er allein der Sieger von Cádiz. Wenn er mit seinem Gefolge durch die Straßen ritt, jubelte ihm die Menge zu, Balladen wurden auf ihn gedichtet, Prediger verglichen ihn mit den Helden des Altertums, er war populär wie nie zuvor ein Günstling der Königin. Mag sein, daß sie ihre eigene Popularität in den Schatten gestellt sah, jedenfalls empfing sie ihn wenig gnädig. Sie hielt ihm die 50000 Pfund vor, die sie nutzlos in die Expedition gesteckt hatte, und sagte, so etwas habe sie vorausgesehen. Essex, der ein anderes Willkommen erwartet hatte, schrieb in tiefer Niedergeschlagenheit an den Bruder von Francis Bacon, Anthony: «Ich versichere Euch, die ganze Günstlingsherrlichkeit widert mich ebenso an wie zuvor das vermeintliche Höflingsglück.»[73]

Zwar verschloß sich Elisabeth nicht auf die Dauer dem Charme ihres immer noch jugendlichen Verehrers, und er verstand es, mit Geschenken und Aufmerksamkeiten, wie am Beginn ihrer Freundschaft, die Gefühle seiner «sweat Lady» wieder für sich zu gewinnen. Aber das Paar war zu ungleich und beide waren zu eigenwillig. In der Umgebung von Essex wurde im vertraulichen Gespräch der Unwille gegen das Weiberregiment laut, und er selbst nannte sie in Momenten der Verbitterung eine häßliche, launenhafte alte Frau. Sein angestammter Hochmut brach wieder durch. Er sammelte junge, kriegs- und abenteuerliche Adlige um sich, versuchte, sie in einflußreiche Stellungen zu bringen und über die ihm mißgünstige Partei von Robert Cecil die Oberhand zu gewinnen. Der scharfsichtige Francis Bacon sah, welche Gefahren er damit heraufbeschwor und warnte ihn vor allem davor, sich einen «militärischen Anhang» zu verschaffen. «Was das betrifft», schrieb er an Essex, «so kann ich mich nicht genug verwundern über Euer Lordschaft Verhalten ... denn Ihre Majestät liebt den Frieden. Zweitens liebt sie keine Kostspieligkeiten. Drittens schafft derlei Gefolge Argwohn.»[74] Auch andere merkten, daß Essex den Bogen überspannte. Von einem ausländischen Diplomaten ist der ominöse Ausspruch überliefert, der Earl werde sich noch selbst in sein Unglück stürzen.

Aber Vernunft und Selbstbescheidung waren nicht Essex' Stärke. Er war noch nicht 30 Jahre und sollte resignieren? – Im nächsten Jahr hieß es, Philipp II. rüste eine neue Armada aus. Um ihm zuvorzukommen, wurde ein Flottenangriff auf Spanien beschlossen. Essex sollte zusammen mit Raleigh und Lord Howard das Kommando übernehmen. Nach einem

Elisabeth auf dem Weg nach Nonsuch. Stich von Hufnagel

Streit mit der Königin, bei dem er den alleinigen Oberbefehl für sich forderte, zog er sich grollend vom Hofe zurück. *Ich werd ihm den Trotz brechen und seinen Hochmut kleinkriegen*[75], rief Elisabeth, die ihn warnte, ihre *hirnverbrannte Gutmütigkeit* nicht zu hart auf die Probe zu stellen. Aber dann kam es doch wieder zur Versöhnung, und Essex' Stolz wurde Genüge getan: er wurde zum Generalfeldzeugmeister ernannt.

Im Sommer trat die Flotte die Fahrt zu den Azoren an. Essex, der der Königin gelobt hatte, sich «so hoher Gnade» würdig zu zeigen, wurde vom Pech verfolgt. Während Raleigh, dessen Schiffe einen anderen Kurs genommen hatten, reiche Prise heimbrachte, kehrte er mit leeren Händen zurück. Die Königin weinte vor Freude, als sie ihn wohlbehalten wiedersah, erklärte aber, nie wieder würde sie ihre Flotte aus dem Kanal hinauslassen.[76]

Essex' Ehrgefühl war gekränkt. Erst wollte er Raleigh wegen angeblicher Insubordination vor ein Kriegsgericht stellen, dann zog er sich beleidigt auf seinen Landsitz zurück. Einen Brief an Elisabeth schloß er wehleidig: «Von mir selber zu schreiben, wäre Torheit, da Euch ja doch nichts daran liegt.» Die Königin suchte ihn zu besänftigen und bat ihn, an den Hof zurückzukehren und an der Sitzung des Parlaments teilzunehmen. Aber er hatte schon einen neuen Grund, sich zurückgesetzt zu fühlen, als er erfuhr, daß sein alter Rivale, der Großadmiral Howard, zum Earl of Nottingham ernannt worden war. Elisabeth wies ihn mit den Worten zurecht, es sei *nicht angängig, daß ein Untertan seinem Herrscher Vorwürfe mache*[77].

Also blieb er weiter krank, oder gab vor, krank zu sein. Als am 17. November der 40. Jahrestag von Elisabeths Thronbesteigung gefeiert wurde – Burghley hatte ihn rechtzeitig darauf aufmerksam gemacht –, blieb er fern mit der Begründung, die Königin hätte ihn selbst einladen müssen. Sie kümmerte sich wochenlang nicht um ihn. Schließlich lenkte sie ein: am 28. Dezember erschien Essex wieder am Hofe und wurde zum Großmarschall erhoben. Alles schien sich in allgemeinem Wohlgefallen aufzulösen.

Anfang 1598 beriet der Staatsrat auf Betreiben von Burghley darüber, ob es nicht an der Zeit sei, Friedensfühler nach Spanien auszustrecken. Zu solchen Überlegungen trug bei, daß Heinrich IV., der Jahre zuvor mit dem vielzitierten Wort, Paris sei eine Messe wert, zum Katholizismus übergetreten war, mit Spanien Frieden geschlossen hatte. Dann aber kam eine Katastrophennachricht aus Irland, wo seit langem der Aufruhr gegen die englische Herrschaft schwelte. Der dortige Vizekönig war gestorben, und der Führer der Rebellen in Ulster, O'Neill Graf Tyrone, hatte den Waffenstillstand gebrochen und die Stützpunkte der Engländer im Norden Irlands angegriffen.

Bei der Verhandlung im Juli 1598, wer der neue Vizekönig werden solle, kam es zu einem unerhörten Eklat. Essex hatte gegen die Mehrzahl der Staatsräte einen eigenen Kandidaten vorgeschlagen. Es kam zu einem gereizten Wortwechsel, und als Elisabeth seinen Kandidaten endgültig ablehnte, kehrte Essex ihr verächtlich den Rücken. In höchster Wut schlug sie ihm hinter die Ohren und schrie: *Geh zum Teufel!* Essex, außer sich, langte nach seinem Schwert und rief: «Das ist ein Schimpf, den ich nicht auf mir sitzenlasse.» Nottingham drängte den Tobenden aus dem Saal.[78] Was nun? Tower, Prozeß? Elisabeth tat gar nichts. Der Grund war wohl, daß Burghley im Sterben lag. Sie besuchte ihn täglich, fütterte ihn, als er die Speise nicht mehr zum Mund führen konnte. Nach seinem Tod weinte sie bitterlich. Über 40 Jahre lang war Burghley ihr vertrautester Ratgeber gewesen und der härteste Arbeiter, der sich denken läßt. Manchmal waren sie aneinander geraten, einmal hatte sie ihn einen störrischen Esel genannt. Aber sie wußte, daß er unentbehrlich für sie war und hatte einmal zu ihm gesagt, sie wolle nicht länger leben als er, was den Alten zu Tränen gerührt hatte. – Fünf Wochen nach ihm starb Elisabeths großer Gegenspieler Philipp II., den gichtbrüchigen Leib von Geschwüren zerfressen, nach fünfzigtägigem Todeskampf.

Essex hatte ihr in einem leidenschaftlichen Brief, ohne um Verzeihung zu bitten, von der Treue dessen gesprochen, den sie jetzt verloren habe. Die Königin quittierte das mit den Worten: *Er hat lange genug sein Spiel mit mir getrieben, jetzt denke ich es mit ihm zu treiben*[79], während er immer noch glaubte, er «könne die Bestie zähmen»[80]. Als er im Herbst, diesmal ernstlich, erkrankte, schickte sie ihm ihren Arzt, und noch einmal kam die Versöhnung zustande. Aber gelernt aus dem Vergangenen hatte Essex nichts. Er benahm sich so hochfahrend wie immer und setzte es im Frühjahr 1599 durch, daß er zum Vizekönig von Irland ernannt wurde. Mit großspurigen Worten führte er im April ein Heer von 16000 Fußsoldaten und 1500 Reitern nach Irland, wo sich die Lage für die Engländer so verschlechtert hatte, daß Dublin, der Sitz der Regierung, gefährdet war.

Als militärischer Führer hatte Essex immer versagt. Jetzt stand er vor der Wahl, die Hauptmacht Tyrones im Norden unverzüglich anzugreifen oder die anderen Teile des Landes von dessen Hilfstruppen zu säubern. Er entschied sich für das letztere, verwickelte sich in Scharmützel, eroberte unwichtige Burgen, und darüber vergingen drei Monate, ohne daß etwas Entscheidendes ereicht worden war.

Elisabeth wurde allmählich ungeduldig. *Ich gebe dem Vizekönig 1000 Pfund pro Tag, und er paradiert damit nur im Lande herum.*[81] Sie forderte klaren Bericht darüber, was er zu tun gedenke, um Tyrone zu vernichten. Darauf kamen vorwurfsvolle Briefe, in denen er über den durch Krankheit und Desertion geschwächten Zustand seiner Mannschaft klagte. Elisabeth antwortete scharf: *Wenn Krankheit bei den Truppen der Grund ist, warum wurde nicht gehandelt, als die Truppen noch in besserem Zustand waren? Wenn die Nähe des Winters schuld ist, warum wurden die Sommermonate versäumt? Der Frühling war Euch zu früh, dann kam der Sommer und wurde anderweitig vertan, dann kam der Herbst und blieb völlig ungenutzt ... Wir ersuchen Euch zu bedenken, ob wir nicht Ursache haben anzunehmen, daß es Eure Absicht ist, den Feldzug nicht zu beenden?*[82]

Sie hatte die Verfassung, in der sich ihr höchster Repräsentant befand, richtig erkannt. Der an seinem Kriegsglück verzweifelnde, überdies kranke Mann wollte möglichst bald nach England zurückkehren, weil er annahm, seine Feinde am Hof hätten die Königin gegen ihn eingenommen. Er ließ seine Offiziere eine Erklärung unterschreiben, in der sie von einem Angriff gegen Tyrone abrieten. Zwar marschierte er nach Ulster, aber statt endlich loszuschlagen, traf er sich am 6. September an der Furt eines Flußes, der die beiden Heere trennte, mit dem Führer der Rebellen und vereinbarte in einem Gespräch, das er allein mit ihm führte, einen Waffenstillstand. Dann kehrte er nach Dublin zurück. Dorthin hatte am 17. September Elisabeth ihrem «vielgetreuen und viellieben Staatsrat» geschrieben: *Aus Eurem Journal geht hervor, daß Ihr und der Verräter eine halbe Stunde miteinander gesprochen habt, ohne daß ein Zeuge dabei war ... Sich auf den Eid dieses Verräters zu verlassen, heißt, sich auf das Amen des Teufels verlassen.* Sie befahl ihm strengstens, nichts abzuschließen, ohne sie vorher zu verständigen.[83]

Essex hatte diesen Brief nicht abgewartet, sondern sich am 24. September in Begleitung der «angemessenen Zahl ausgesuchter Männer» an

Elisabeth I. Gemälde, Federigo Zucchero zugeschrieben

Bord eines Schiffs nach England begeben. Der letzte Akt seiner tragischen Geschichte hatte begonnen. Am 28. September ritt der Zug in London ein. Essex galoppierte allein nach Nonesuch, wo sich der Hof aufhielt. Gegen 10 Uhr morgens stürzte er, ohne sich anzumelden, beschmutzt und in Reitstiefeln, in das Schlafgemach der Königin, die ungeschminkt und ohne Perücke inmitten ihrer Damen bei der Morgentoilette saß. Meisterin der Verstellung, bat sie ihn lächelnd, sich zu entfernen und umzuziehen. Beim Essen stellte sie ihm unangenehme Fragen, und am Abend wurde ihm Stubenarrest diktiert, bis er vor dem Staatsrat sein Verhalten erklärt habe.

Zwei Tage später wurde er der Aufsicht des Großsiegelbewahrers Egerton im York House unterstellt, sein Haushalt wurde aufgelöst, seine Frau durfte ihn nicht besuchen. Elisabeth schwankte in der Folge zwischen Mitleid und Groll. Als er schwer erkrankte, schickte sie ihm die besten Ärzte, dann aber faßte sie wieder der Zorn über sein Versagen und seinen anmaßenden Ungehorsam. Im November erteilte ihm der Staatsrat wegen schlechter Kriegführung und des schmählichen Vertrags mit Tyrone eine scharfe Rüge, aber die Königin hatte dafür gesorgt, daß es dabei blieb. Im Mai schrieb er ihr einen Jammerbrief: «In den acht Monaten meiner Gefangenschaft habt Ihr alle meine Briefe zurückgewiesen und Euch geweigert, mich anzuhören, was Ihr selbst bei Verrätern nie getan habt ... Mir bleibt daher nichts übrig, als Euch anzuflehen, meiner Strafe und meinem Elend zusammen mit meinem Leben ein Ende zu machen.»[84] Wie unaufrichtig und berechnend seine Klagen waren, zeigt, daß er wenig später zu seinem, darüber entsetzten, Freund Harington sagte, «die Königin sei geistig ebenso krumm und schief wie körperlich»[85].

Im Juni entging er bei einer Sitzung im York House nur knapp dem Urteil auf Einkerkerung im Tower. Nach einer demütigen Selbstanklage und Bitte um Gnade wurde ihm gestattet, in sein Haus zurückzukehren, doch blieb er auch dort unter strenger Bewachung. Mehr als die Tatsache, daß er vom Hofe verbannt blieb, bedrückte ihn seine enorme Verschuldung; sie belief sich auf 16000 Pfund. Dazu kam, daß die Königin seinen Pachtvertrag auf den Süßweinzoll, seine Haupteinnahmequelle, gekündigt hatte – er stand vor dem Bankrott. Zu Bacon sagte Elisabeth damals: *Mein Lord of Essex hat mir etliche sehr ergebungsvolle Briefe geschrieben, und sie haben mich bewegt. Aber was ich für Fülle des Herzens nahm, entpuppt sich als bloße Sorge um die Süßweinpacht.*[86]

Beim Volk, in dessen Phantasie er als ritterlicher Held fortlebte, war Essex noch immer beliebt. In der Hauptstadt hatte er viele Anhänger, Gefährten aus früheren Feldzügen, junge Abenteurer aus der Aristokratie und verkrachte Existenzen. Gegen den verhaßten Raleigh, seinen alten Widersacher, wurden Schmähschriften verteilt; Gerüchte wurden ausgestreut, man trachte dem Earl nach dem Leben. Seine Parteigänger drängten zu gewaltsamer Aktion, man wollte den Hof angreifen und sich der Person der Königin bemächtigen. Robert Cecil, der von seinem Vater wenigstens den Instinkt für den richtigen Augenblick geerbt hatte, veranlaßte, daß Essex am 7. Februar vor den Staatsrat geladen wurde. Er weigerte sich zu kommen und gab damit das Signal zum Aufruhr. Am nächsten Vormittag erschienen vor seinem Haus vier Abgesandte der Königin. Sie wurden von der Menge beschimpft, Essex ließ sie verhaften und marschierte mit etwa 200 Mann in die City, wo ein Herold eine Proklamation gegen den «Hochverräter» verlas. Darauf verliefen sich einige seiner Gefolgsleute, die anderen griffen vergeblich die Bewaffneten an, die ihnen die Straßen versperrten. Mit Mühe gelang es Essex, auf dem Wasserweg sein Haus zu erreichen, wo er sich auf die Drohung, es werde gesprengt, am Abend ergab.

Elisabeth hatte während des aufregenden Tages keinerlei Unruhe gezeigt und mit gutem Appetit gegessen. Am nächsten Morgen sagte sie zu dem französischen Gesandten: *Ein Verrückter und Undankbarer hat endlich enthüllt, was er lange im Sinn gehabt hat.*[87] Früher hatte sie anders von ihm gedacht und für ihn gefühlt, aber er hatte sie als Frau und als Herrscherin zu tief verletzt.

Das Todesurteil nahm Essex gefaßt und würdig entgegen, brach aber dann im Tower völlig zusammen. Bevor er, am 25. Februar 1601, den schönen Kopf mit den langen Locken auf den Richtblock legte, beteuerte er, niemals den Tod der Königin noch Gewalt gegen ihre Person beabsichtigt zu haben und betete für ihr Wohl. Er war 34 Jahre alt.

Einsamkeit und Tod

Mit Essex, den sie nur um zwei Jahre überlebte, war der letzte Vertraute Elisabeths dahingegangen. Ihr Vetter Hundson, der ein Vierteljahrhundert zuvor die Rebellion im Norden niedergeschlagen hatte, war schon einige Jahre zuvor gestorben, und der «verdammt stolze», machtgierige Raleigh hatte ihre Zuneigung längst verscherzt. Inmitten des höfischen Treibens spürte sie jetzt manchmal die Einsamkeit des Alters, das auch an ihrer, nie ganz stabilen, Gesundheit zehrte. Sie litt unter Schlaflosigkeit und Gliederschmerzen – von Gicht zu sprechen war verpönt –, hatte viele Zähne verloren und war schwer zu verstehen. Ihr Haar war grau und strähnig geworden, sie trug eine rotblonde Perücke; auch benutzte sie viele Schönheitsmittel. Es gab Tage, an denen sie in Trübsinn verfiel und von Weinkrämpfen befallen wurde. Als ihr Patensohn John Harington ihre melancholische Stimmung durch einige seiner Gedichte aufheitern wollte, unterbrach sie ihn traurig: *Wenn du später einmal spürst, wie die unerbittliche Zeit an deine Türe schleicht, werden dir diese Nichtigkeiten auch weniger Spaß machen; mir machen sie schon lange keine Freude mehr. Ich habe gestern abend* – es war der dritte Weihnachtstag – *nur ein einziges Stück Kuchen gegessen, und es hat mir nicht geschmeckt.*[88] Dann fragte sie ihn, ob er je den Grafen Tyrone kennengelernt habe, und als er bei seiner Antwort Essex erwähnte, sagte sie: *Ach, jetzt erinnere ich mich, daß du einer von denen bist, die mit diesem Mann in Irland waren.*[89] Dabei kamen ihr die Tränen.

Zwischendurch erwachte ihre alte Bewegungsfreude, sie ritt auf die Jagd, tanzte und ging auf Reisen. Auch ihre geistige Energie war nicht erloschen. In einem bestimmten Moment zeigte sich, daß sie die Witterung für die Volksmeinung und ihre Kunst, die Menschen für sich zu gewinnen, nicht verloren hatte. Es ging einmal wieder um Geld. Bei einer Finanzdebatte brach im Parlament der lang angestaute Zorn über das System der Monopole aus, das begünstigten Privatpersonen das alleinige Verkaufsrecht für gewisse Artikel wie Salz, Branntwein, Stärke gewährte und allgemein als skandalöse Ausnutzung der Allgemeinheit empfunden wurde. Das Unterhaus forderte in einer erbitterten Resolution die Abschaffung dieser Privilegien. Einen derartigen Angriff auf ein königliches Vorrecht hatte Elisabeth immer brüsk zurückgewiesen. Aber diesmal spürte sie, daß ihre Popularität auf dem Spiel stand. Sie versprach Reform und ließ schon drei Tage später in einer Proklamation die Abschaffung der meisten Steuermonopole verkünden. Im Nu schlug der Groll der Versammlung in Beifall um. Der Sprecher rief: «Gott schütze unsere gnädige Königin!», und alle Abgeordneten stimmten in den Ruf ein.

Am 30. November 1601 empfing Elisabeth die Mitglieder des Unterhauses im Audienzsaal in Whitehall. Hier hielt sie die Ansprache, die generationenlang als «Goldene Rede» beim englischen Volk unvergessen blieb, und von der hier wenigstens der denkwürdige Satz festgehalten sei: *Ein König zu sein und eine Krone zu tragen ist ein Ding, glorreicher für die, die es sehen, als angenehm für die, die es zu erleiden haben.*[90] Sie schloß mit den Worten: *Wenn Ihr auch manchen mächtigeren und klügeren Fürsten auf diesem Thron habt sitzen sehen und noch sehen werdet, so habt Ihr*

Jagdbild: Elisabeth nimmt ein Messer aus der Hand eines Jägers, um einen zeremoniellen Einschnitt in die Beute zu machen. Holzschnitt

Elisabeths Grabmal in Westminster

doch nie einen König gehabt, noch werdet Ihr je einen haben, der Euch herzlicher liebte als ich.[91] Unter Trompetenklang verließ sie hochaufgerichtet den Saal.

Einige Wochen später gab sie vor dem Oberhaus einen konzentrierten Überblick über die Probleme und Erfolge ihrer Außen- und Innenpolitik. Auf die Frage der Thronnachfolge, der sie zeitlebens ausgewichen war, ging sie auch diesmal nicht ein, aber aus den verschleierten Wendungen der letzten Briefe, die sie in den Monaten vor ihrem Tod an den schottischen König schrieb, ist zu erraten, daß Robert Cecil in ihrem Sinne handelte, wenn er in geheimer Korrespondenz Jakob VI. die Nachfolge zusicherte.

Im nächsten Jahr ließen ihre Kräfte zusehends nach, sie mußte beim Gehen den Stock benutzen, aber sie empfing noch ausländische Gesandte und bemühte sich, aufrecht zu stehen. An den Feiern zur 44. Wiederkehr ihrer Thronbesteigung, am 17. November 1602, und an den Weihnachtsspielen nahm sie, die in ihr 70. Lebensjahr eingetreten war, mit erstaunlicher Ausdauer teil.

Ende Februar erkrankte sie an einer fiebrigen Erkältung. Arzneien lehnte sie ab und aß kaum noch etwas. Da sie nicht schlafen konnte, blieb sie die Nacht über im Sessel sitzen oder suchte ein wenig Schlummer in den Kissen zu finden, die man am Boden ausgebreitet hatte. Als Robert Cecil sich erkühnte, zu sagen, sie müsse sich zu Bett begeben, war ihre Antwort: *Kleiner Mann, kleiner Mann, das Wort «müssen» ziemt sich nicht, wenn man mit Fürsten spricht.*[92] In den letzten Tagen gab sie zu verstehen, daß sie Musik hören wolle. Als sie am 23. März das Ende nahen spürte, ließ sie den Erzbischof Whitgift, den sie früher manchmal ihren «kleinen schwarzen Gemahl» genannt hatte, kommen, der neben ihr kniend stundenlang Gebete sprach. Am Abend kehrte sie sich, ohne noch einmal gesprochen zu haben, gegen die Wand. Sie starb im Schlaf in der Nacht zum 24. März 1603 gegen drei Uhr morgens.

Elisabeth und das Elisabethanische Zeitalter

Das Elisabethanische Zeitalter, das glorreiche Kapitel der englischen Geschichte in der zweiten Hälfte des 16. Jahrhunderts, ist leichter zu erfassen als die Frau, die ihm den Namen gab und die selbst viele Namen hatte. Für ihr Volk war sie die Jungfräuliche Königin; die Dichter huldigten ihr als Silvia, Cynthia, Gloriana, Mondgöttin; Höflinge erlagen dem bezaubernden Charme der Feenkönigin oder klagten über ihre gläserne Kälte; für Philipp II. war sie in den späteren Jahren das «böse Weib», und der Papst schmähte sie als die «Teufelin von England». Aber auch aus dem Abstand von vier Jahrhunderten gibt ihre Persönlichkeit Rätsel auf durch die Unberechenbarkeit und Wechselhaftigkeit ihres Wesens.

Manche Züge ihres Charakters werden durch die Erlebnisse ihrer frühen Jugend verständlich. Ihre Mutter, die sie kaum gekannt hat, wurde als Ehebrecherin hingerichtet; unter zwei Lordprotektoren stand sie im Verdacht des Hochverrats; die kindliche Thronerbin wurde zum Bastard deklassiert, und das junge Mädchen von ihrer Halbschwester Maria in den Tower geworfen, wo sie Todesängste ausstand. In der frühreifen und ungewöhnlich intelligenten Person mußten sich unter solchen Umständen Verschlagenheit, List, Heuchelei und die Kunst der Verstellung prächtig entwickeln. Ihr erstes Liebesabenteuer, das ihrem Galan den Kopf kostete, trug wohl zu der schweren Verbildung ihrer Sexualität bei, auf deren doch nur hypothetische Erklärungen wir nicht eingehen wollen, sowie zu der Undurchsichtigkeit ihres erotischen Verhaltens, wahrscheinlich auch zu einer gewissen Hysterie, die sich in häufigen Gesundheitsstörungen ihrer an sich kräftigen Konstitution äußerten. Hier wird man auch die Wurzel ihrer lebenslänglichen Ehescheu finden, deren Tiefe ein – für Psychologen ungeheurer – Ausspruch von ihr erhellt: *Ich hasse den Gedanken an Ehe*, sagte sie zu Lord Sussex, *aus Gründen, über die ich selbst mit einer Zwillingsseele nicht sprechen würde.*[93]

Vom Vater, dem sie darin nicht nachstand, hatte sie den Mut geerbt: beim Nahen der Armada, die ihren Staat hätte vernichten können, blieb sie seelenruhig, und in den Tagen des ihr Leben bedrohenden Essex-Aufstands ließ sie sich nicht beim Essen stören. Das Parlament, die stärkste Gegenmacht im Innern, erfuhr öfter als einmal ihre Autorität, mit der sie die Abgeordneten anfuhr, die Geduld einer Königin nicht zu sehr auf die

Elisabeth I.

Probe zu stellen. Zweifellos war sie zum Herrschen geboren. Ihre Günstlinge konnten ihr den Kopf verdrehen, aber wenn sie übermütig werden wollten, wurden sie hart in ihre Schranken zurückgewiesen: *Wenn Ihr hier zu herrschen beabsichtigt, werde ich dafür sorgen, daß Ihr verschwindet. Hier will ich nur eine Herrin und keinen Herrn haben.*[94] *Da Wir die Macht der Regierung in Händen haben, verlangen Wir, daß man Uns gehorcht,* war eine ihrer Maximen.[95]

Auf der anderen Seite dann ihre Unentschlossenheit, durch die sie ihre Minister oft zur Verzweiflung brachte, ihr Hang, die Dinge auf die lange Bank zu schieben, ihre Unfähigkeit oder Unwilligkeit, Entscheidungen zu treffen. Das krasseste Beispiel ist ihre schwankende Haltung gegen-

Die Handschuhe der Königin

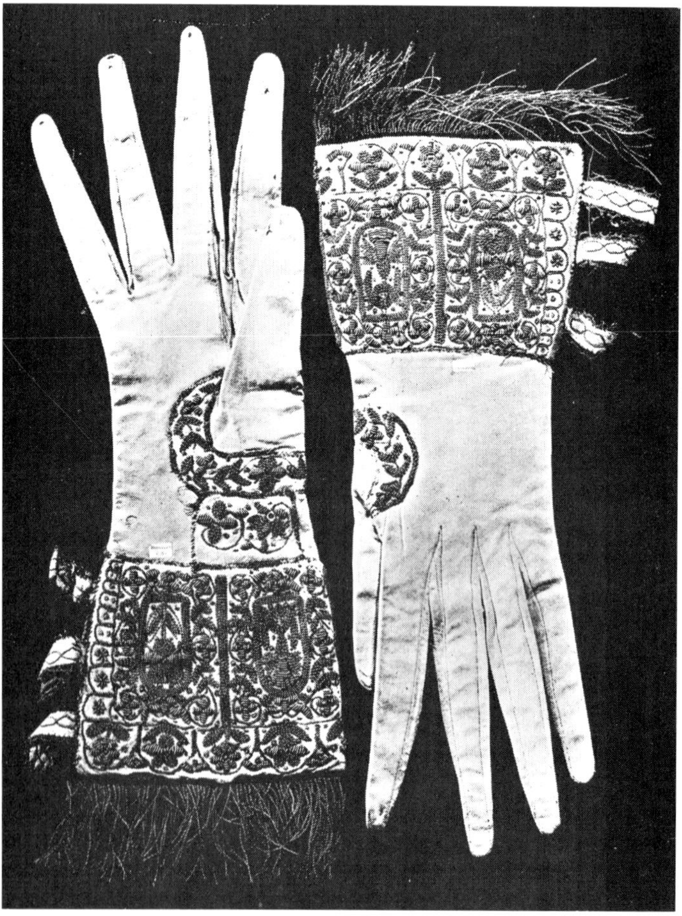

über Maria Stuart, ihr endloses Zaudern vor deren Hinrichtung und die jämmerliche Lüge, mit der sie die Verantwortung dann anderen zuschob. Natürlich war ihr Verhalten von Rücksicht auf das Ausland diktiert; wenn die Politik es gebot, heuchelte und log sie bedenkenlos. Schwer zu überbieten ist der Zynismus, mit dem sie in einem ihrer Briefe schrieb: *Ich liebe nicht Verstellung bei anderen und übe sie auch selber nicht.*[96]

Im Rückblick wird man ihrer Taktik des Zögerns und Verschleierns Klugheit, ja Weisheit nicht absprechen können. Viele ihrer Erfolge beruhten darauf, daß sie die Dinge reifen ließ und erkannte, wann die Zeit zum Handeln gekommen war. Weder von ihren Staatsräten noch vom Parlament ließ sie sich zu verfrühten oder ihr nicht genehmen Aktionen drängen, doch spürte sie genau, wie weit sie gehen konnte und wann sie einlenken mußte.

Ein entscheidender Faktor für das Glück, mit dem sie regierte, war die Verbundenheit mit ihrem Volk, dessen Liebe und Anhänglichkeit sie sich mit unnachahmlichem Geschick zu sichern verstand. Die auf ihr Gottesgnadentum pochende Souveränin hatte zugleich den untrüglichen Instinkt für die Stimmungen im Land, die sie genial zu nutzen, mitunter auch zu manipulieren wußte. Ihre Begabung, auch zu den einfachen Leuten zu sprechen, im rechten Moment das rechte Wort zu finden, war unübertrefflich. Durch ihre Popularität wurde sie zu einer Symbolfigur des englischen Nationalbewußtseins, das sich erst unter ihrer Regierung voll entwickelte.

Widerspruchsvoll wie als Herrscherin war sie auch als Frau. Sie könne jede Rolle spielen, die ihr gerade gefiele, meinte ein französischer Diplomat. Weibliche Eitelkeit und Gefallsucht waren ihr in hohem Maße zu eigen, doch konnte sie Gegner und selbst Freunde durch Ausbrüche von Schroffheit und Härte überraschen. Ihre erlesene Bildung – sie beherrschte sechs Sprachen, komponierte, spielte meisterhaft auf dem Spinett, tanzte mit würdevoller Anmut und war eine kunstverständige Sammlerin von Büchern, Bildern, kostbarem Schmuck – machte sich bei der Auswahl ihrer Kavaliere geltend, von denen sie weltmännische Kultur, ein Mindestmaß an Gelehrsamkeit, Musikverständnis und die Kunst, eine geistreiche und elegante Konversation zu führen, verlangte. Dabei war sie, wenn ihr der Sinn danach stand, alles andere als zimperlich, sie hatte Gefallen an derben Scherzen, verfügte über einen drastischen Humor, fluchte, lachte lauthals und ohrfeigte, wenn bei ihr der gefürchtete «Gewittersturm» aufzog, nicht nur Edelfräulein, sondern auch Höflinge. Dieselbe Frau, die sich inmitten ihres Hofes im französischen Reifrock mit hohem, juwelenbesetzem Spitzenkragen und Perlengehänge an den Ohren bewundern und anbeten ließ, war eine ungestüme Reiterin und wilde Jägerin, sie suchte ausdauernde Bewegung im Freien und gefiel sich darin, bei Empfängen stundenlang kerzengerade aufrecht zu stehen, wenn den Männern längst die Knie wankten.

Daß der Geist der italienischen Renaissance in England heimisch geworden ist, daß der Londoner Hof ein Anziehungspunkt für Dichter, Musiker, Gelehrte, auch für Weltleute aus dem Ausland wurde, ist ihrer persönlichen Ausstrahlung zuzuschreiben. Jedenfalls bleibt der Beitrag Englands zur frühneuzeitlichen Kultur Europas zu Recht mit ihrem Namen verbunden. Natürlich hatte sie Mitarbeiter und Ratgeber, wenn sie auch deren Bedeutung gelegentlich durch das hochmütige Wort: *Wenn ich mir einen Hund halte, belle ich doch nicht selber*[97], herunterspielte. Und natürlich fand sie zeitgegebene Strömungen und Tendenzen vor. So waren ihre Taten keineswegs immer originell, doch stärker als ihre Anpassungsfähigkeit war ihre Kraft, das Vorgefundene zu gestalten.

Die englische Reformation war von ihrem Vater vollzogen worden, aber die soziale Umschichtung, die damit einherging, kam erst unter Elisabeths Regierung zur Auswirkung. Der Feudalismus, die Vorherrschaft der Hocharistokratie und der geistlichen Würdenträger wurde abgelöst durch die Gentry, die Vertreter des niederen Adels, wie etwa William Cecil, und der Bürgerlichen, von denen in ihrem Parlament 62 Mitglieder saßen. Die Dynamik der neuen Klasse brachte einschneidende Veränderungen im staatlichen und gesellschaftlichen Leben Englands mit sich. Der wirtschaftliche Aufschwung des Bürgertums, der Wohlstand breitester Bevölkerungskreise, die Erschließung der überseeischen Märkte und die Anfänge der Kolonisation wurden entscheidend bewirkt durch die Aktivität der neuen Mittelschicht. Der Glaubenskampf gegen den «papistischen Götzendienst» war zugleich der Kampf gegen das spanische Handelsmonopol mit Mittelamerika. Die geistige und gesellschaftliche Freiheit brachte auch die Fortschritte der Sozialgesetzgebung, zum Beispiel in der Armenfürsorge, mit sich. Aus seiner insularen Abgeschiedenheit ist England unter Elisabeth zu einer mitbestimmenden Macht in der europäischen Staatenwelt geworden.[98]

Wenn zu Elisabeths Lebzeiten der Krieg mit Spanien auch nicht beendet war, so hatte sie doch 30 Jahre lang ihrem Land den Frieden erhalten können. Den Krieg hat sie immer verabscheut, nicht aus weiblicher Sentimentalität – die ihr nie jemand nachgesagt hat –, sondern aus der Überlegung, daß er Geld verschlang und damit gegen ihr Prinzip äußerster Sparsamkeit verstieß. Frieden auch im Innern zu schaffen, Staat und Kirche zur Einheit zu bringen, war von Anfang an ihr Bestreben. Freilich ist ihr das nicht vollständig gelungen, aber was sie erreichte, ist nicht gering zu achten: Von den hitzigen religiösen Auseinandersetzungen, die auf dem Kontinent wüteten, blieb ihr Land weitgehend verschont. Die von Heinrich VIII. begründete nationale anglikanische Kirche konnte sich, bei Toleranz gegenüber den gemäßigten Katholiken, sowohl gegen den römischen Internationalismus wie gegen den protestantischen Radikalismus der Puritaner behaupten. Was ihre eigene religiöse Überzeugung betrifft, so ist die Charakterisierung Elisabeths durch Lytton Strachey als einer «unverbesserlich irdischen Natur» in ihrer Prägnanz nicht zu übertreffen.[99] Noch in den letzten Tagen vor ihrem Tode sagten ihr, wie der britische Biograph bemerkt, eine Melodie auf dem Spinett mehr als die Gebete ihres geistlichen Beistands.

Das schönste Epitaph für die Königin, die eine Epoche der abendländischen Geschichte repräsentiert, hat wohl G. M. Trevelyan geschrieben: «Diese großartige Frau war 45 Jahre lang ihr eigener Ministerpräsident in Krieg und Frieden, und dies in einer Zeit voll Gefahren für den Staat und für ihr eigenes Leben. Dabei war sie Stimmungen, Launen und Nervenkrisen unterworfen, die sie zwar erschütterten, aber niemals aus der Bahn warfen. Ihr Herz war vielleicht kalt, aber es war stark und fest wie Eichenholz.»[100]

Anmerkungen

1 Felix Grayeff: «Heinrich VIII.». Düsseldorf 1978. S. 120
2 Claude Aveline: «Les Mots de la Fin». Paris 1957. S. 115
3 John E. Neale: «Königin Elisabeth I. von England». München 1976. S. 15
4 Elizabeth Jenkins: «Gloriana – Königin Elisabeth I. von England». Tübingen 1959. S. 11
5 Ernst Walter Zeeden: «Hegemonialkriege und Glaubenskämpfe 1556–1648». In: Propyläengeschichte Europas, Bd. II. Berlin 1977. S. 132
6 «Die Briefe der Königin Elisabeth von England». Wien 1938. S. 28
7 Neville Williams: «Elisabeth I. von England». Stuttgart 1969. S. 22
8 Neale, a. a. O., S. 33
9 «Die Briefe der Königin Elisabeth von England», a. a. O., S. 31f
10 Jenkins, a. a. O., S. 39
11 «Die Briefe der Königin Elisabeth von England», a. a. O., S. 41f – Wegen geringfügiger Änderungen vgl.: «The Letters of Queen Elizabeth». London 1935
12 Neale, a. a. O., S. 53
13 Williams, a. a. O., S. 50
14 Neville Williams: «Elisabeth I. – Eine Frau führt England zur Weltmacht». Wiesbaden 1978. S. 40
15 William Camden: «The Historie of the Life and Reign of the most reveres and victorious Princess Elizabeth». London 1630. S. 16
16 Williams, a. a. O. (Anm. 14), S. 46
17 Milton Waldman: «Elizabeth and Leicester». London 1947. S. 68
18 Ebd., S. 118
19 Neale, a. a. O., S. 88
20 John E. Neale: «Elizabeth I. and her Parliaments». London 1953. S. 47f
21 Waldman, a. a. O., S. 74
22 Jenkins, a. a. O., S. 95
23 Neale, a. a. O. (Anm. 3), S. 96
24 Ebd., S. 103
25 Ebd., S. 104
26 Ebd., S. 138
27 Williams, a. a. O. (Anm. 7), S. 110
28 Conyers Read: «Mr. Secretary Cecil and Queen Elizabeth». London 1955. S. 315f
29 Jenkins, a. a. O., S. 142
30 Waldman, a. a. O., S. 104
31 Williams, a. a. O. (Anm. 14), S. 61
32 Neale, a. a. O. (Anm. 3), S. 167
33 Williams, a. a. O. (Anm. 7), S. 125
34 Neale, a. a. O. (Anm. 3), S. 175f
35 «Die Briefe der Königin Elisabeth», a. a. O., S. 70
36 Ebd., S. 70f

37 Neale, a. a. O. (Anm. 3), S. 181
38 «Die Briefe der Königin Elisabeth», a. a. O., S. 72f
39 J. A. Froude: «History of England from the Fall of Wolsey to the Defeat of the Spanish Armada». London 1856–70. Bd. IX, S. 247f
40 Neale, a. a. O. (Anm. 3), S. 194
41 Ebd., S. 201
42 Ebd., S. 196
43 «Die Briefe der Königin Elisabeth», a. a. O., S. 79f
44 Ebd., S. 130
45 Neale, a. a. O. (Anm. 3), S. 228
46 E. St. John Brooks: «Sir Christopher Hatton». London 1946. S. 83f
47 «Die Briefe der Königin Elisabeth», a. a. O., S. 139f
48 Agnes Strickland: «The Queens of England». London 1866. Bd. III, S. 321
49 Camden, a. a.O. Bd. III, S. 10
50 John Nichols: «The Progresses and public Processions of Queen Elizabeth». London 1832. Bd. II, S. 310
51 Neale, a. a. O. (Anm. 3), S. 282
52 T. Birch: «Memoirs of the Queen Elizabeth I.». London 1764. S. 154f
53 Neale, a. a. O. (Anm. 3), S. 245f
54 Williams, a. a. O. (Anm. 7), S. 176
55 Ebd., S. 203
56 A. L. Rowse: «Shakespeare». London 1963. S. 125, 205 – Erich Marcks: «Königin Elisabeth von England und ihre Zeit». Bielefeld 1897. S. 100f
57 «Die Briefe der Königin Elisabeth», a. a. O., S. 94
58 Ebd., S. 196
59 Neale, a. a. O. (Anm. 3), S. 309
60 «Die Briefe der Königin Elisabeth», a. a. O., S. 214f
61 Jenkins, a. a. O., S. 316
62 Aveline, a. a. O., S. 210
63 Jenkins, a. a. O., S. 320
64 Conyers Read: «Me. Secretary Walsingham and the Policy of Queen Elizabeth». Oxford 1925. Bd. II, S. 172
65 Neale, a. a. O. (Anm. 3), S. 336
66 Waldman, a. a. O., S. 218
67 Nichols, a. a. O., Bd. II, S. 536
68 Bernard Winslow Beckingsale: «Elizabeth I.». London 1963. S. 102
69 Neale, a. a. O. (Anm. 3), S. 346
70 «Die Briefe der Königin Elisabeth», a. a. O., S. 231
71 George B. Harrison: «The Life and Death of Robert Devereux, Earl of Essex». London 1937. S. 47
72 Lytton Strachey: «Elisabeth und Essex». Berlin 1929. S. 107
73 Ebd., S. 123
74 Ebd., S. 130
75 Ebd., S. 141
76 Harrison, a. a. O., S. 161f
77 Neale, a. a. O. (Anm. 3), S. 394f
78 Strachey, a. a. O., S. 183
79 Williams, a. a. O. (Anm. 14), S. 200
80 John E. Neale: «Essays in Elizabethan History». London 1958. S. 82
81 Strachey, a. a. O., S. 220
82 Ebd., S. 222
83 «Die Briefe der Königin Elisabeth», a. a. O., S. 317f
84 Harrison, a. a. O., S. 160f
85 Williams, a. a. O. (Anm. 7), S. 301
86 Strachey, a. a. O., S. 247

87 Williams, a. a. O. (Anm. 7), S. 301
88 Beckingsale, a. a. O., S. 145
89 Neale, a. a. O. (Anm. 3), S. 446
90 Strachey, a. a. O., S. 292
91 Neale, a. a. O. (Anm. 3), S. 440
92 Aveline, a. a. O., S. 213
93 Strachey, a. a. O., S. 32
94 Jenkins, a. a. O., S. 133
95 Strachey, a. a. O., S. 44
96 Brief vom 30. Juni 1568
97 Camden, a. a. O., S. 89
98 Vgl. hierzu Heinrich Lutz: «Der politische und wirtschaftliche Aufbruch Europas im 16. Jahrhundert». In: Propyläen-Weltgeschichte, Berlin 1964. Bd. VII, S. 112f – George Macauly Trevelyan: «Geschichte Englands». 3. Aufl. München 1947. Bd. I, S. 362f
99 Strachey, a. a. O., S. 304
100 Trevelyan, a. a. O., S. 367

Zeittafel

1533	7. September: Elisabeth geboren
1534	Heinrich VIII. erklärt sich zum Oberhaupt der anglikanischen Kirche
1536	7. Januar: Katharina von Aragon stirbt. 19. Mai: Anna Boleyn wird hingerichtet
1537	12. Oktober: Geburt Eduards VI.
1542	Maria Stuart geboren
1547	28. Januar: Heinrich VIII. stirbt
1547–1553	Eduard VI. König von England
1553–1558	Nach dem Tod Eduards VI. Maria die Katholische Königin von England
1554	Elisabeth wird als Gefangene in den Tower, dann nach Woodstock gebracht. – Vermählung der Königin Maria mit Philipp von Spanien
1555	Beginn der blutigen Verfolgung der Protestanten
1556–1598	Philipp II. König von Spanien
1558	Maria stirbt. Elisabeth Königin von England (1558–1603)
1559	Krönungsfeier Elisabeths am 15. Januar
1560	Vertreibung der Franzosen aus Schottland. England nimmt Schottland unter seinen Schutz. – 6. Juli: Vertrag von Edinburgh
1561	Maria Stuart kehrt nach Schottland zurück
1563	Das Parlament verlangt Regelung der Thronfolge. England verliert Calais
1565	Maria Stuart heiratet Lord Darnley
1566	19. Juli: Maria Stuarts Sohn Jakob geboren
1567	Ermordung Darnleys. Maria Stuart heiratet Bothwell, wird zur Abdankung gezwungen und verzichtet zugunsten ihres Sohnes auf den Thron. Als Jakob VI. ist dieser bis 1625 König von Schottland, als Jakob I. König von England (1603–1625)
1566–1609	Befreiungskriege der Niederländer
1568	Maria Stuart flieht nach England und wird dort gefangengesetzt
1569	Der Aufstand im Norden Englands bricht zusammen
1570	Papst Pius V. exkommuniziert Elisabeth
1572	Der Herzog von Norfolk wird wegen Hochverrats hingerichtet. Vertrag von Blois zwischen Elisabeth und Katharina von Medici. – 24. August: Bartholomäusnacht in Frankreich. – Drakes Fahrt nach dem spanischen Kolonialreich in Mittelamerika
1573	Herzog Alba verläßt die Niederlande
1576	Don Juan d'Austria in den Niederlanden
1579	Der Herzog von Alençon im August bei Elisabeth

1584	Alençon stirbt. – Wilhelm von Oranien wird ermordet
1586	Das Babington-Komplott durch Walsingham entdeckt. – Im September Beginn des Prozesses gegen Maria Stuart
1587	8. Februar: Maria Stuart wird hingerichtet
1588	Vernichtung der Armada. – Leicester stirbt
1592	Kaperfahrt nach den Azoren
1596	Essex erobert Cádiz
1598	Essex in Ungnade. – Lord Burghley stirbt am 8. August, Philipp II. von Spanien am 17. September
1599	Essex in Irland
1600	Essex' eigenmächtige Rückkehr nach England
1601	Am 25. Februar wird Essex nach seinem gescheiterten Putschversuch hingerichtet. – Im November Elisabeths letztes Parlament
1603	Am 24. März stirbt Elisabeth

Zeugnisse

William Cecil, Lord Burghley,
Elisabeths Erster Staatssekretär (1520–98)
Sie war die klügste Frau, die je lebte, denn sie durchschaute die Interessen und Fähigkeiten aller Fürsten ihrer Zeit und kannte ihr eigenes Reich so vollkommen, daß keiner ihrer Staatsräte ihr etwas mitteilen konnte, was sie nicht schon gewußt hätte.

William Camden, englischer Historiker (1551–1623)
Sie war eine Königin, die ihr Reich so lange und so weise regierte, daß man weder zu unserer Zeit noch seit den Tagen des römischen Kaisers Augustus je von Ähnlichem gehört oder gelesen hat.

William Allen, Kardinal (1532–94)
Ein blutschänderischer Bastard, gezeugt und geboren in Sünde von der verfluchten Buhlerin Anna Boleyn. Durch die verdammungswürdige und abscheuliche Kunst, Unschuldige in Sünde zu verstricken, hat sie ihren Hof zu einer Falle für die jungen Herren des hohen Adels und der Gentry gemacht und sie alle zugrunde gerichtet.

Papst Sixtus V. (1521–90)
Sie ist bestimmt eine große Königin, und wäre sie nur katholisch, so würde sie uns herzlich lieb und wert sein. Seht nur, wie gut sie regiert! Sie ist nur eine Frau, nur Herrin über die Hälfte einer Insel, dennoch fürchten sie alle: Spanien, Frankreich und das Reich. Es ist jammerschade, daß Elisabeth und ich nicht heiraten können, unsere Kinder hätten die ganze Welt beherrscht.

Heinrich IV. von Frankreich (1553–1610)
Sie allein ist wahrhaft ein König! Sie allein versteht zu regieren!

Christopher Hatton, Günstling Elisabeths (1540–91)
Die Königin angelt Männerseelen, und ihr Köder ist so verlockend, daß niemand ihrer Angel entgeht. Sie fing viele arme Fische, die kaum ahnten, in welches Netz sie sich verstrickt hatten. Ihr Lächeln war so süß und

scheinbar so liebevoll, daß ihr jeder seine geheimsten Gedanken offenbarte.

Erich Marcks (1861–1938)
Eine der eigenartigsten unter allen historischen Gestalten, abstoßend und fesselnd, rätselhaft, klein und bei hundert Fehlern und Erbärmlichkeiten dennoch historisch groß und der persönliche Ausdruck einer unvergeßlichen Zeit. Sie ist die letzte und größte vom Hause Tudor.

Lytton Strachey (1880–1932)
Das Löwenherz, die großartigen Gesten – dieses heldische Zubehör war zweifellos vorhanden, für jedermann ersichtlich. Elisabeths Triumph aber war nicht das Ergebnis von Heldentum, sie triumphierte kraft all der Eigenschaften, die ein Held gerade nicht besitzen soll: Verstellung, Schmiegsamkeit, Unentschiedenheit, Zögern, Sparsamkeit. Man könnte fast sagen, daß das heroische Element in ihr vornehmlich in der beispiellosen Ausdauer zutage trat, mit der sie an diesen Eigenschaften festhielt.

Veit Valentin (1885–1947)
Wie kompliziert eine Frau als Mensch und wie bedeutsam sie zugleich als Regentin sein kann, wird durch Elisabeth bewiesen; gerade die klügsten Frauen tragen ja die Weiblichkeit wie eine Last und müssen ihrem Geschlecht schließlich doch gehorchen. Die Königin hatte vom Großvater die geschickte, gewinnende, etwas falsche Freundlichkeit, vom Vater brutale Selbstherrlichkeit und den Sinn für das eigentlich Englische geerbt; sie selbst hielt sich für maßvoll und gerecht – kraft jener Gabe der Selbstsuggestion, die Frauen und Fürsten eigentümlich ist. Hauptsächlich war Elisabeth sehr gescheit.

Heinrich Lutz (geb. 1923)
Königin Elisabeth ist von den Zeitgenossen und der Nachwelt sehr verschieden beurteilt worden. Die außerordentliche Bedeutung ihrer fünfundvierzigjährigen Regierungszeit wird von niemandem bestritten. Die Meisterschaft des politischen Verhaltens, mittels deren sie die Zustimmung und Mitarbeit des englischen Volkes gewann, beruhte auf einem teils bewußten, teils instinktiven Erfassen und Formen vorgegebener Stimmungen und Strömungen. Sie wollte England zu sich selbst führen, sie wollte selbst England sein.

Bibliographie

Die ausführlichste Bibliographie der für das Thema wichtigsten englischen Literatur ist: CONYERS READ, Bibliography of British History. Tudor Period. Oxford 1959.

Weitere bibliographische Angaben zur ganzen Epoche und zu Einzelfragen der Regierungszeit Elisabeths I. in: Handbuch der europäischen Geschichte Bd. III. Hg. von T. SCHIEDER. Stuttgart 1971

1. Quellen

Calendar of State Papers, Domestic. 12 Bde. London 1856–1872

Calendar of State Papers, Foreign. 23 Bde. London 1863–1950

Calendar of State Papers, Spanish, Elizabethan. 4 Bde. London 1892–1899

Die Briefe der Königin Elisabeth von England, 1533–1603. Hg. von G. B. HARRISON. Wien 1938

BIRCH, T.: Memoirs of the Reign of Queen Elizabeth. 2 Bde. London 1764

CAMDEN, WILLIAM: The Historie of the Life and Reign of the most revered and victorious Princess Elizabeth. London 1630

CLAPHAM, JOHN: Elizabeth of England. Certain Observations concerning the Life and Reign of Queen Elizabeth. Philadelphia 1951

HAKLUYT, RICHARD: The principall Navigations, Voiages and Discoveries of the English Nation. London 1589

2. Sekundärliteratur

BAUMANN, UWE: Heinrich VIII. Reinbek 1991 (rowohlts monographien. 446)

BECKINGSALE, BERNARD WINSLOW: Elizabeth I. London 1963

BINDOFF, STANLEY THOMAS: Tudor England. The Pelican History of England Bd. V. Harmondsworth 1952

BLACK, JOHN BENNETT: The Reign of Elizabeth. Oxford History of England Bd. VIII. Oxford 1936

BOWEN, CATHERINE DRINKER: Francis Bacon. Boston 1963

BROOKS, E. ST. JOHN: Sir Christopher Hatton. London 1946

CHAMBERS, EDMUND K.: The Elizabethan Stage. 5 Bde. Oxford 1923–1934

CHAUVIRÉ, ROGER: Le temps d'Elisabeth. Paris 1960

CODE, JOSEPH BERNARD: Queen Elizabeth and the English Catholic Historians. Louvain 1935

CORBETT, JULIAN STAFFORD: Drake and the Tudor Navy. 2 Bde. London 1898–1899

CREIGHTON, MANDELL: Queen Elizabeth. New York 1966

DODD, ARTHUR HERBERT: Life in Elizabethan England. London 1961

Elizabeth I.: A study in power and intellect. Hg. von PAUL JOHNSON. London 1974

ELTON, GEOFFREY RUDOLF: England under the Tudors. A History of England Bd. IV. London 1955

FALLS, CYRIL: Elizabeth's Irish Wars. London 1950
FROUDE, JAMES ANTHONY: History of England from the Fall of Wolsey to the Defeat of the Spanish Armada. 12 Bde. London 1856–1870
GLEICH, MICHAEL: Der religiöse Kompromiß von 1559: im Kontext der Regierungspraxis und politischen Strategie Elizabeth I. Essen 1987
GRAYEFF, FELIX: Heinrich VIII. Düsseldorf 1978
GREAVES, RICHARD L.: Society and Religion in Elizabethan England. Minneapolis 1981
HANDOVER, PHYLLIS M.: The Second Cecil. London 1959
HARRISON, GEORGE BAGHAWE: Elizabethan England. London 1930
The Life and Death of Robert Devereux, Earl of Essex. London 1937
HAUGARD, WILLIAM P.: Elizabeth and the English Reformation. London 1968
HURSTFIELD, JOEL: Elizabeth I. and the Unity of England. New York 1969
IRWIN, MARGARET: Der große Luzifer. Ein Porträt Sir Walter Raleighs. Stuttgart 1961
JENKINS, ELIZABETH: Gloriana. Königin Elisabeth I. von England. Tübingen 1959
Elizabeth and Leicester. London 1961
JOHNSON, PAUL: Elizabeth I. A Study in Power and Intellect. London 1974
LACEY, ROBERT: Earl of Essex. London 1971
Sir Walter Raleigh. London 1973
LAVATER-SLOMAN, MARY: Herrin der Meere. Elisabeth I., Königin von England. Zürich 1956
LEMONNIER, LÉON: Elisabeth d'Angleterre. La reine vierge?. Paris 1947
LEYS, MARY D. R.: Catholics in England. A social history. London 1961
LOTTES, GÜNTHER: Elizabeth I.: Eine politische Biographie. Göttingen 1981
MACCAFFREY, WALLACE T.: Queen Elizabeth and the Making of Policy: 1572–1588. Princeton/NJ. 1981
MARCKS, ERICH: Königin Elisabeth von England und ihre Zeit. Bielefeld 1897
MATTINGLY, GARRETT: Sieben Tage machen Weltgeschichte. München 1960
MAYNARD, THEODORE: Queen Elizabeth. London 1943
MEISSNER, PAUL: England im Zeitalter von Humanismus, Renaissance und Reformation. Heidelberg 1952
MEYER, ARNOLD OSKAR: England und die katholische Kirche unter Elisabeth. Rom 1911
NEALE, JOHN ERNEST: Königin Elisabeth von England. Hamburg 1934–Stuttgart 1976
Elizabeth I. and her Parliaments. 2 Bde. London 1953–1957
The Elizabethan House of Commons. New Haven 1950
Essays in Elizabethan History. London 1958
PALMER, ALAN: Who's who in Shakespeare's England. Brighton 1981
PLOWDEN, ALISON: Elizabeth Regina: The age of triumph 1588–1603. London 1980
POLLARD, ALBERT FREDERICK: Political History of England Bd. VI. London 1905
Propyläen-Weltgeschichte Bd. VII. Berlin 1964
Propyläengeschichte Europas Bd. II. Berlin 1977
QUINN, DAVID BEERS: Raleigh and the British Empire. London 1947
RANKE, LEOPOLD VON: Englische Geschichte vornehmlich im 17. Jahrhundert Bd. I. Meersburg 1937
Maria Stuart und ihre Zeit. Berlin 1942
READ CONYERS: Lord Burghley and Queen Elizabeth. London 1960
Mr. Secretary Cecil and Queen Elizabeth. London 1955
Mr. Secretary Walsingham and the Policy of Queen Elizabeth. 3 Bde. Oxford 1925
ROWSE, ALFRED LESLIE: Shakespeare. London 1963
The England of Elizabeth. London 1950
The Reign of Elizabeth I. Hg. von CHRISTOPHER HAIGH. London 1984

Ridley, Jasper Godwin: Elizabeth I. Zürich 1990
Schirmer, Walter F.: Der englische Frühhumanismus. Tübingen 1963
Smith, Alan Gordon Rae: The Government of Elizabethan England. London 1967
Smith, Lacey Baldwin: Zwielicht einer Zeitenwende. Königin Elisabeth und ihre Epoche. Stuttgart 1967
Strachey, Lytton: Elisabeth und Essex. Berlin 1929
Strong, R.: Portraits of Queen Elizabeth I. Oxford 1963
Trevelyan, George Macauly: Geschichte Englands Bd. I. München 1947
Valentin, Veit: Weltgeschichte. Köln 1950
Waldman, Milton: Elizabeth and Leicester. London 1947
Queen Elizabeth I. London 1966
Wallace, Willard Mosher: Sir Walter Raleigh. Princeton 1959
Wernham, Richard Bruce: Before the Armada. The growth of English foreign policy. London 1966
Williams, Neville: Elisabeth I. von England. Stuttgart 1969
Elisabeth I. Eine Frau führt England zur Weltmacht. Wiesbaden 1978
The Life and Times of Elizabeth I. London 1972
Williamson, James Alexander: The Tudor Age. London 1953
Wilson, Charles Henry: Queen Elizabeth and the Revolt of the Netherlands. London 1970

Namenregister

Die kursiv gesetzten Zahlen bezeichnen die Abbildungen

Über den Autor

Herbert Nette, geboren am 14. März 1902 in Oberhausen (Rheinland). Studium der Geschichte, Germanistik und Rechtswissenschaft; Dr. jur. 1927 bis 1941 Feuilletonredakteur des «Darmstädter Tagblatts», 1941 bis 1943 der «Kölnischen Zeitung», 1946 bis 1949 Literarischer Leiter des Classen & Roether Verlags, Darmstadt. 1950 bis 1953 Feuilletonredakteur der «Frankfurter Allgemeinen Zeitung». 1954 bis 1973 Cheflektor des Eugen Diederichs Verlags, Düsseldorf. Langjähriges Mitglied des PEN der Bundesrepublik (ausgetreten 1977).

Publikationen: «Die großen Deutschen in Italien» (1938); «Wort und Sinn. Von den Elementen der Sprache» (1946); «Adieu Les Belles Choses. Eine Sammlung letzter Worte» (1971); «Friedrich II. von Hohenstaufen» (1975); «Varia aus vier Jahrzehnten» (1975); «Jeanne d'Arc» (1977); «Karl V.» (1979); Editionen aus Werken, Briefen und Tagebüchern von Goethe, Wilhelm von Humboldt, Lichtenberg. Viele Publikationen in Zeitungen, Zeitschriften und Sammelbänden.

Quellennachweis der Abbildungen

Archiv für Kunst und Geschichte, Berlin: 6, 8, 9, 18, 26/27, 34, 37, 46, 47, 51, 71, 72/73, 81, 89, 106 u., 107, 114, 117, 118, 119, 133, 141, 145; Sammlung Historia Photo: 19, 21, 23, 53, 54, 65, 78, 90, 105, 111, 123, 142
Hulton Deutsch Collection, London: 10, 11 o. li., 11 o. re., 11 u. re. 24, 25, 30, 35, 70, 85, 106 o., 125, 138
Bildarchiv Preußischer Kulturbesitz, Berlin: 11 u. li., 12, 40, 59, 67, 96, 121, 128
Aus Neville Williams, Elisabeth I., Wiesbaden 1978: 14, 28, 29, 41, 57, 62/63, 75, 82, 101, 102/103, 127, 130, 137
National Portrait Gallery, London: 17, 33, 39